BEI GRIN MACHT SICH IHR
WISSEN BEZAHLT

- Wir veröffentlichen Ihre Hausarbeit,
  Bachelor- und Masterarbeit

- Ihr eigenes eBook und Buch -
  weltweit in allen wichtigen Shops

- Verdienen Sie an jedem Verkauf

Jetzt bei www.GRIN.com hochladen und kostenlos publizieren

GRIN ☺

Bibliografische Information der Deutschen Nationalbibliothek:

Die Deutsche Bibliothek verzeichnet diese Publikation in der Deutschen National-
bibliografie; detaillierte bibliografische Daten sind im Internet über http://dnb.d-
nb.de/ abrufbar.

Impressum:

Copyright © 2005 GRIN Verlag, Open Publishing GmbH
Druck und Bindung: Books on Demand GmbH, Norderstedt Germany
ISBN: 978-3-668-17315-6

Dieses Buch bei GRIN:

http://www.grin.com/de/e-book/317971/europaeische-geschichte-1919-39-die-folgen-
des-ersten-weltkrieges-und

Peter Weiß

"Europäische Geschichte 1919-39". Die Folgen des Ersten Weltkrieges und die globale, europapolitische und innenpolitische Perspektive

Vorlesungsmitschrift

GRIN Verlag

GRIN - Your knowledge has value

Der GRIN Verlag publiziert seit 1998 wissenschaftliche Arbeiten von Studenten, Hochschullehrern und anderen Akademikern als eBook und gedrucktes Buch. Die Verlagswebsite www.grin.com ist die ideale Plattform zur Veröffentlichung von Hausarbeiten, Abschlussarbeiten, wissenschaftlichen Aufsätzen, Dissertationen und Fachbüchern.

Besuchen Sie uns im Internet:

http://www.grin.com/

http://www.facebook.com/grincom

http://www.twitter.com/grin_com

Vorlesung: *Europäische Geschichte 1919-1939*

WS 2004/05

Gliederung:

I. Pariser Friedensordnung

(Versailler Vertrag und Pariser Vorortsbestimmungen)

Nach dem Ersten Weltkrieg existierte das System der europäischen Staatenwelt mit den fünf Großmächten nicht mehr! Das Jahr 1917 war der tiefe Einschnitt in die europäische Geschichte (Hans Rothfels): Die Russische Revolution und der Eintritt Amerikas in den I. Weltkrieg markieren den Einschnitt, an dem die Zeitgeschichte beginnt. Übergang in eine Bipolare Welt und Beginn der ideologischen Auseinandersetzung des 20. Jh.

Folgen des Ersten Weltkriegs:

- *Die **Enteuropäisierung** der Weltwirtschaft und der Weltpolitik sowie das Ende der Kolonialherrschaft. Die ehemals von den Europäischen Mächten politisch/ militärisch/ wirtschaftlich/ kulturell bestimmte internationale Ordnung erfuhr eine Gewichtsverlagerung zu Gunsten der USA, demgegenüber nun die Europäischen Mächte selbst in Abhängigkeit standen. Die USA entschied den Krieg und geht als einzige Macht gestärkt aus dem Ersten Weltkrieg hervor. Wechsel von pax britannica zur pax americana!*
- *Die Stimmung der Bevölkerungen schlug von Kriegsmüdigkeit zu Feindseligkeit um und damit führte das Kriegsende in vielen Staaten zum **politischen Zusammenbruch des alten Systems**. Untergang der Vielvölkerimperien Österreich-Ungarn und das Osmanische Reich.*
- ***Internationalisierung** der Politik: Völkerbund und der Aufstieg der außereuropäischen Welt (neue Staatensysteme in Asien und Lateinamerika). Der Völkerbund wertete die außereuropäischen Staaten auf.*
- ***Völkerbund:** Wilson geleitet von der Idee der absoluten Einhaltung des Friedens, dadurch ergaben sich enorme Verpflichtungen für die USA (Monroe-Doktrin?). Wilson wollte unbedingt das Völkerbund-Projekt „durchboxen" und es nicht auf die lange Bank schieben lassen. Deshalb war er bereit „Opfer" zu bringen für die Errichtung des Völkerbunds. Diese Haltung wurde ausgenutzt von Briten und insbesondere Franzosen. Frage nach dem kollektiven Sicherheitssystem: USA = Angriff aller gegen den Aggressor. Die gesamte Gemeinschaft wäre bei jedem Konflikt im Krieg. Frankreich = Internationale Interventionsarmee, gestellt von den Siegermächten. England = Nur wirtschaftliche Sanktionen gegen einen Aggressor. Der Entwurf für den Völkerbund (14.Feb.1919) hatte letztendlich angloamerikanische Züge und keine französischen!*
- ***Pariser Frieden** verkörperte keineswegs das Konzept Wilsons, welcher ja gegen Reparationen und für einen konstruktiven Zukunftsbeitrag war. Das Vertragswerk spiegelt den Gegensatz zwischen Frankreich und Großbritannien - USA wider. Es kam in vielen Punkten dem französischen Interesse(Sicherheit gegenüber Deutschland, durch dessen substantielle Schwächung) entgegen. England Interesse galt dem Gleichgewicht und der Verhinderung der Ausbreitung der Revolution in Europa. Es unterstützte französische Position nur bis zu dem Punkt, an dem die französische defensive Sicherheitspolitik in eine offensive kontinentale Hegemonialpolitik umschlug. Die Ausschaltung Deutschlands als Flotten- und Kolonialmacht war den Engländern ausreichend zur Wahrung des Friedens. Der Frieden isolierte die Besiegten und gab ihnen keine Chance sich in das neue System mit einzubringen = Wurzel des Revisionismus. Ähnliche Entwicklung beim Friedenschluss in Ostasien!*
- *Systemtheoretisch stellen Pariser Friedensordnung und Völkerbund den **Versuch** dar, eine **internationale Ordnung für die Staatenwelt** (multilateral) zu errichten. Von Anfang an gab es Gegner dieser Ordnung – Revisionisten – die eine regionale Ordnung anstrebten (bilateral), und Befürworter – Antirevisionisten – die den Status Quo beibehalten wollten.*
- ***Erweiterung und Vertiefung der Demokratie und des Freihandels.** Angeführt von Woodrow Wilson wurde das demokratische Prinzip und der Freihandel zur Friedenssicherung ausgeweitet. Neuentstandene Staaten übernahmen das Prinzip. Der liberal-demokratische Verfassungsstaat setzt sich als herrschender Staatstyp in Europa,*

außer in Russland, durch. Prinzpwandel: Im 19. Jh. gewährte noch das monarchische Prinzip die Sicherheit eines Staates, im 20. Jh. die demokratisch-parlamentarische Staatsordnung.

- **Die staatliche Zersplitterung Osteuropas:** *Gemäß der Typologie Theodor Schieders gibt es drei Typen der Nationalstaatsentstehung: 1. Die Revolutionäre in der frühen Neuzeit (Frankreich, Niederlande, England), 2. Die Unitarische im 19. Jh. (Deutschland und Italien) und 3. Die Sezessionistische im 19./20.Jh (Ost- und Südosteuropa). Letztere wurde mit dem Ende des Ersten Weltkrieges abgeschlossen. Der Nationalstaat wird zum entscheidenden Strukturprinzip anstelle multinationaler Großreiche. Mit dem Zerfall der Vielvölkerreiche Österreich-Ungarn, dem Osmanischen Reich und dem Zarenreich, entstanden im Raum zwischen Deutschland und Russland neue ethnisch - nichthomogene Nationalstaaten. Diese neuen Staaten sind überfordert mit a) inneren Konflikten ethnisch-politischer Art (Minderheiten- und Grenzkonflikte überlagern das politische Geschehen) und b) eine Balance zu finden zwischen Sowjetunion und dem Deutschen Reich. Die USA dachten im Rahmen des Völkerbundes an einen kollektiven Minderheitenschutz, insbesondere mit Blick auf Ost- und Südosteuropa, aber Protest Englands (Angst mit in die Konflikte hineingezogen zu werden) und der betroffenen Staaten selbst (Angst vor Intervention und Imperialismus = Frage nach staatliche Souveränität oder kollektive Angelegenheit?) Aufgrund der inneren Inhomogenität wurde Nationalismus zur Grundstimmung in den neuen Staaten, Nationalismus als Integrationsfaktor einer ungefestigten und ungleichen gesellschaftlichen und politischen Struktur. Insgesamt vermehrten die kleineren und mittleren Staaten Osteuropas die Konfliktmöglichkeiten bzw. sie trugen nicht zur Stabilisierung bei.*
- *Einzelne Staaten unmittelbar nach dem Krieg: Das Deutsche Reich war gelähmt durch die Kriegsfolgen und den Versailler Vertrag / Großbritannien distanziert sich von Europa / Frankreich dominiert in Kontinentaleuropa, aber keine wirkliche Vormachtstellung: Verlust des einstmals Russischen Verbündeten und die ökonomische Schwäche = Frankreichs Vormacht trug künstliche Züge; „panische Angst" vor einem Wiedererstarken des Deutschen Reichs / Nationalstaatsgründungen in der Arabischen Welt /*
- **Stützung der neuen Staaten in Mittel-, Ost- und Südosteuropa** *seitens Frankreich und den USA dieser Staate – Wirkung: Deutsch-russische Zusammenarbeit und das Übergreifen der Revolution werden unmöglich. Frankreich betreibt Bündnispolitik zur Eindämmung der Sowjetunion und zur Einklammerung des Deutschen Reiches. «Cordon sanitaire» (Quarantänegürtel).*
- **Kampf der Kulturen:** *Europa sah sich von zwei Ideologien bzw. zwei Lebensformen herausgefordert. Identität und Kultur stand auf dem Spiel. Die westlichen Status Quo – Mächte arrangierten sich hiermit, die revisionistischen Staaten nicht.*
- *Phänomen= **Unzufriedenheit mit dem Ergebnis des Friedensschlusses** ebenso **bei den Siegern.** Frankreich: Nicht genug aus dem Friedensvertrag herausgeholt! Italien: Um den Sieg betrogen! Polen (neuer Staat): Revisionismus gegen das Deutsche Reich!*

II. Russische Revolution

Im Februar 1917 führen Hungersnöte, Demonstrationen und Massenstreiks zum Sturz der Autokratie (Abdankung des Zaren). Es bildet sich eine provisorische bürgerliche Regierung. Die neue Regierung bekam die Probleme nicht in den Griff. Der schon längst verlorene Krieg zog sich hin und die Regierung wurde von den Alliierten dazu angehalten den Krieg gegen Deutschland weiterzuführen. Mit der Kerenski-Offensive versucht die Regierung durch einen Sieg die Stimmung der Bevölkerung zu gewinnen > Niederlage! > Land in hoffnungslosen Zustand

- ➢ Der Bolschewismus profitiert vom allgemeinen Unmut der Soldaten und der Bevölkerung.
- ➢ Die Republik war andauernd Putschversuchen der Militärs ausgesetzt
- ➢ Demokraten suchen Zusammenarbeit mit Lenins Bolschewisten aus Sicherheitsbedürfnissen! (Wahlen würden den Kommunisten ja keinen Sieg einbringen!)
- ➢ Bolschewiki ergreifen im Namen der Räte die Macht – Petrograder Räte liefern die demokratische Legitimation. Beendigung des Krieges wird populistisch ausgenutzt.

Die Oktoberrevolution:
Bewaffneter Aufstand des Petrograder Sowjets = Putschunternehmen Lenins. In Wirklichkeit keine Revolution:
- putschartige, inszenierte Machtergreifung
- unrevolutionäre Züge: Keine Spontanität
Revolution im demokratischen Gewand, jedoch die anti-demokratische Herrschaft errichtend.
- undemokratisch: Keine Rätedemokratie (gegen das sozialistische Demokratiebild!)

Mit der Revolution sollte der sozialistische Staat gegründet werden als Zwischenstufe zur klassenlosen Gesellschaft. Die Machtergreifung der Bolschewisten geht einher mit Methoden des Terrors (aus welcher Lenins Polizeistaat erwächst):
- ⇨ Lenin stellte die Weichen zur totalitären Herrschaft / Die Disposition des Stalinismus lag im Leninismus
- ⇨ Der Sowjetkommunismus knüpfte an den zaristischen Terror und das zaristische Bespitzelungssystem an
- ⇨ Gesellschaft in der das einzelne Menschenleben ohne Wert ist = Vorraussetzung für den totalitären Terror
  (Nach einem Attentatsversuch auf Lenin kommt es zu demonstrativen Erschießungen und Terror)
- ⇨ Der Bolschewismus zielte auf die Kontrolle über mehr als nur die materielle Existenz der Menschen (wie es bis dahin unter dem Zaren der Fall gewesen ist), sondern hatte den Anspruch auf Verfügung über die Seelen der Menschen > totale Erfassung der Menschen

- ➢ Trotzdem wurde dieser sowjetische Staat zum Vorbild des Kommunismus und die Russische Revolution wurde weltweit zur Modell-Revolution (Mythos der Revolution)
- ➢ Lenin wurde weltweit zum Ideal des Revolutionärs = Lenin-Kult (ungeheure Wirkungskraft)
- ➢ Ideologisierung: Ideal und Verheißung (Faszination)! Religiöser Anspruch auf Richtigkeit und Unfehlbarkeit = Vorteil gegenüber allen anderen sozialistischen, demokratischen oder revolutionären Kräften!
- ➢ Mythenbildung durch Propaganda und Geschichtsfälschung
- ➢ Einziges Dilemma der Sowjetunion: Die erwarteten Revolution in anderen Ländern (Weltrevolution) blieben aus.

Bürgerkrieg:
Der anschließende (von L. Trotzki angeführte) Bürgerkrieg führte zur Ausschaltung aller Rivalen: Abwehr aller antikommunistischen Kräfte von innen und außen. Lenins Bolschewisten besiegen alle parlamentarischen, demokratischen und zaristischen Kräfte = Misslingen des bürgerlichen Experiments der Umformung des Zarenreiches in eine konstitutionelle Monarchie! Der Terror wird in der Phase des Bürgerkriegs institutionalisiert.

> Versuch der Bolschewisten die Revolution demokratisch zu legitimieren und die gegnerischen Kräfte zu integrieren = verfassungsgebende Nationalversammlung > Wahlen zur Nationalversammlung bringen den Bolschewisten nur 25 %!!! > Auflösung bei der Eröffnung durch die Rote Armee

Die Revolution führte zu umfassenden staatlichen und sozialen (bis dahin einmalig) Umwälzungen:
- Enteignung der Kirche und der Großbauern
- Kontrolle über die Arbeiter
- Rigorosität bei der Ersetzung der staatlichen und administrativen Kräfte
- Aufbau einer „revolutionär"-ideologischen Armee (Rote Armee) = Radikaler Bruch mit dem pol. und militärischen Personal macht die Umformung des Staates und der Gesellschaft erst möglich (trotz Bruchs aber Kontinuität der Überwachungsformen)

Die ökonomische Umwälzung bildete die Legitimität der Revolution:
- Verstaatlichung aller Banken, Fabriken und allen Landes etc.
- Streichung der Auslandsschulden
- Konfiszierung jeglichen Privatvermögens inklusive Bankkonten > Verarmung des Mittelstandes > leichtere Kontrolle über die Bevölkerung

III. a. Vereinigte Staaten von Amerika

Die USA als eine von den drei großen demokratischen Mächten der westlichen Welt entschied mit ihrem Eintritt 1917 den I. Weltkrieg aufgrund des uneingeschränkten deutschen U-Boot-Krieges
> Ziel der Demokratisierung Europas und eines fortschrittlich-liberalen Friedenssystems,, sowie die Sicherstellung des weltweiten Freihandels
> Wegen der ökonomischen und politischen Schwäche der europäischen Siegermächte, hing die Lebensfähigkeit der 1919 geschaffenen Friedensordnung entscheidend von den USA ab!
> Doch nach der Abwahl Wilson = zurückhaltende Politik (Isolationismus) / Rein wirtschaftliche Belange verlangten amerikanisches Engagement in Europa
> Folge: Übertriebener und künstlicher Charakter der europäischen Politik in Anlehnung an die „große" Vergangenheit, doch in Wirklichkeit nur in einer Statistenrolle gegenüber den zwei neuen Weltmächten / Entscheidungen von globalpolitischer Bedeutung wurden nicht mehr in Europa gefällt (zeigte sich noch deutlicher im II. Weltkrieg)

Wilsons Engagement
Ringen mit den eigenen Idealen / Weltmacht wider Willen
Amerikaner mussten sich an die reale Machtpolitik gegenüber dem Idealismus erst gewöhnen
Nach der Zurückziehung aus Europa und vom Völkerbundprojekt, stand die USA als Weltmacht da, die ihrer Rolle nicht gerecht wurde. Keine Verwicklung in Machtpolitik?!
→ Auseinanderklaffen zwischen Moral und Macht

Doch die Isolationspolitik der 20er Jahre bedeutet keineswegs eine vollständige Zurückziehung aus der internationalen Politik! Lediglich ein stark vermindertes Engagement in Europa ist zu erkennen. Hingegen Zunahme des Engagements in Lateinamerika und im Pazifik-Raum.
Trias der US-Außenpolitik in den 20ern:
   a) ökonomischer Interventionismus
   b) Militärischer Rückzug (insbesondere Europa)
   c) Politischer Isolationismus

*Neuordnung Europas durch die Pariser Verträge wurde durch den Rückzug der Amerikaner in Mitleidenschaft gezogen. Europa fürchtete vielmehr diesen Rückzug Amerikas als den Verbleib der US-Truppen. Frankreich und Großbritannien standen bei den Pariser Friedensverhandlungen allein da > **Mangel an Legitimation der internationalen Ordnung > Mangel an Durchsetzung der Friedensbestimmungen!!!***

Aber Europa war auf Amerika angewiesen. England und Frankreich waren nicht imstande das Vertragssystem von Versailles auf längere Zeit sicherzustellen.
Frankreich = panische Angst gegenüber Deutschland > Wiedererstarken verhindern!
Besiegte = aggressiver Revisionismus (psychische Folgen des „Diktatfriedens")

Wilsons Politik scheiterte im US-Kongress! Friedensverträge fanden keine Mehrheit, weil ein zunehmendes und intensives Engagement in Europa befürchtet und abgelehnt wurde. Insbesondere die Republikaner vertraten eine isolationistische Haltung. Die Isolationisten waren eher für ein westeuropäisches Bündnis gegen das Deutsche Reich als Entlastung für die USA.
Isolationisten sahen im überseeisch politisch-miltiärischen Engagement der USA sowie in Bündnisverpflichtungen eine Einschränkung außenpolitischer Entscheidungsfreiheit!
   ➔ *Internationalistische Ausrichtung Wilsons wurde verworfen*

Weitere Gründe für Wilsons Scheitern auf internationaler Ebene:
1 – Beharrungshaltung der europäischen Politik wurde von ihm unterschätzt (Diskrepanz zwischen materiellen Zielen der europäischen Westallianz und den idealistischen Zielen der USA)
2 – Wilson übersah die Bedeutung eines Gleichgewichts in Europa > Ungleichgewicht als elementarer Störfaktor für die Aufrechterhaltung einer Friedensordnung
3 – Lateinamerikanische Staaten sahen im Völkerbund die Hoffnung sich von der amerikanischen wirtschaftlichen Dominanz zu lösen < elementares Interesse der USA war bedroht durch das „Völkerbundprojekt" > Interventionspolitik zur Stabilisierung der Region
> Wilson stand in der schwächsten Position bei den Pariser Verträgen! Festhalten Wilsons an der großen Idee des Völkerbundes und Vernachlässigung der regionalen Probleme (wichtige Fragen, deren Klärung es bedarf zur Schaffung von Stabilität und Frieden) Wilson gibt zu viele Zugeständnisse an die Europäer für sein größeres Ziel des Völkerbundes.
> Wilsons Ideen gehen unter im Neoisolationismus (kein klassischer Isolationismus aufgrund des zunehmenden wirtschaftlichen Engagements)

Aus den Verschiebungen der globalen Konstellation nach dem Ersten Weltkrieg zogen weder Europa noch die USA Konsequenzen für ihre Außen- und Machtpolitik.
   -    USA operieren weit hinter ihren Möglichkeiten und Notwendigkeiten
Nach Wilson setzt eine Phase der Dominanz des US-Kongresses gegenüber dem Präsidenten ein.

Viele Parallelen sind erkennbar zwischen dem amerikanisch-europäischen Verhältnis der beiden Nachkriegszeiten.

Position der USA nach dem Ersten Weltkrieg ein Paradoxon:
Ökonomische Präsenz und Einfluss <-> politische Zurückhaltung und militärische Abwesenheit
(Verhängnisvoll für den Frieden)

Den Europäern wurde versäumt zu zeigen, dass sie nicht mehr im Mittelpunkt der Weltpolitik
stehen > künstlich wirkende Renaissance europäischer Machtpolitik
Gleichsam gab es gewisses wirtschaftspolitisches Engagement der USA (Dawes-Plan, Young-
Plan). Dieses Engagement stand aber im finanzpolitischen Interesse der USA = Kreditkreislauf!
Politisches Engagement im Rahmen des Völkerbundes nur ohne Interventionsverpflichtungen
(Briand-Kellog-Pakt, Internationaler Gerichtshof)
> Die Haltung der USA führte jedoch in den 20ern zu einem Negativbild in Euroa,
gepaart mit einer Unterschätzung des eigentlichen Stärke der USA.

Orientierung der US-Innenpolitik auf wirtschaftliche Prosperität, getragen von Altliberalen
Glauben, erschüttert von Korruption → WELTWIRTSCHAFTSKRISE (vollkommen unerwartet)

Explosionsartige Beschleunigung der technischen Entwicklung nach dem Ersten Weltkrieg ohne,
dass die politischen und wirtschaftlichen Strukturen angepasst wurden. Trotz des enormen
zivilisatorischen Fortschritts der USA wirkte sich die Weltwirtschaftskrise hier verheerender aus =
fehlende soziale und institutionelle Strukturen, welche die Krise hätten auffangen können
Politisch überlebten die USA und England als demokratische Systeme jedoch diese Krise =
erfahrenere Demokratien?!
Der liberale Glaube an die Wirtschaft und an den grenzenlosen Aufstieg in den USA war
erschüttert > Krise führte zur Einsicht im amerikanischen individualistischen Kapitalismus, dass es
ein Mindestmaß an sozialer Organisation und staatlicher Wirtschaftseingriffe bedarf >
Sozialpolitik wurde Teil der staatlichen Politik (bis dahin rein privat) > Such nach der Mitte
zwischen gesteuerter und freier Wirtschaft

> Ära des Franklin D. Roosevelts 1933-1945 (4 mal als Präsident gewählt 1933, 1936, 1940,
1944): Das revolutionäre Reformwerk des „New Deal" – Ausweitung der staatlichen
Tätigkeiten in Wirtschaft und Sozialem (u.a. Einführung einer Sozialversicherung)
Der „New Deal" stellt eine Art Symbiose zwischen Wirtschaft und Staat dar
> Die Krise und die Politik des „New Deal" wurden in Europa fälschlicherweise als
Schwäche des amerikanischen Systems gedeutet (so Hitler und Mussolini)
> Der „New Deal" verstieß gegen amerikanische Prinzipien:
Ausbau des Wohlfahrtssystems <-> individuelle Selbstverantwortlichkeit
Eingriffe in den Markt <-> freies Unternehmertum

Trotz Krise, des „New Deal" und vieler großer Probleme (Rassenfrage, Korruption, Verarmung)
gab es in den USA nie eine Alternative zur Demokratie / Kein Aufstieg der Extremisten!
Amerika wurde zu einem Modell der Krisenbewältigung
> Krise wurde mit Demokratie-eigenen Methoden bewältigt!
> Amerikanische Demokratie befand sich unter anerkannter Führung, während es in
Deutschland und Japan zu Diktaturen kam > widerlegt das Argument, dass in schweren
Krisen es zu Extremismus kommen muss!

Ausarbeitung des New Deal erfolgte durch ein Expertengruppe (Brain Trust), was etwas Neues
darstellte! Roosevelt erkannte die sozialpsychologische Bedeutung, welche in der
Wirtschaftspolitik lag > Verwissenschaftlichung der Politik und Einzug Intellektueller in die
Politik (Entwicklung hält bis in die 60er Jahre an; in Europa insbesondere nach dem II. WK)

Mittel: Ausweitung der Kreditmöglichkeiten zur Finanzierung des Wiederaufbaus, der Ankurbelung der Industrie und der Beschäftigung.

Der konservativ ausgerichtete Supreme Court interpretierte viele Reformvorhaben Roosevelts als verfassungswidrig! Verhinderung zu umfangreicher Reformen
Aber: Wahlen 1936 bestätigten mit großer Mehrheit die Politik Roosevelts und gaben ihm die Möglichkeit in seiner zweiten Amtszeit neue Bundesrichter zu ernennen > erweiterte Reformvorhaben kamen durch den Supreme Court > fundamentale Änderung des amerikanischen Systems

Roosevelts Politik:
Modernisierung der USA, Anpassung der wirtschaftlichen und politischen Strukturen an die Veränderungen der Zeit > Vorraussetzung für die Weltmachtstellung der USA im und nach dem Zweiten Weltkrieg
Roosevelts Idealismus macht ihn zum Gegner der europäischen und asiatischen Diktaturen
(P.W.: Wo bleibt Roosevelts Gegnerschaft zur Stalins Diktatur?)
Internationale politische Rolle – gegen den Widerstand im eigenen Land bezog er Position: Aufforderung zur Quarantäne-Politik gegen die Diktaturen > Diese Politik scheiterte, so dass Roosevelt 1938 ein Rüstungsprogramm, ausgerichtet auf einen pazifischen und europäischen Krieg in Gang setzte > Von Anfang an Unterstützung des Kampfes gegen die Diktatur

Roosevelts durchaus anti-isolationistische Politik legte den Grundstein für die internationale Weltmachtrolle der USA

III. b. Europa und die überseeische Welt

Überseeische Welt = Kolonien und abhängige Welt!
Verhältnis zwischen Kolonialherren und abhängigen Völkern

Europas Aufstieg fußte auf der Nationalstaatsidee! Diese wurde gleichzeitig exportiert und zu einer globalen Leitidee. Beschleuniger dieser globalen Entwicklung waren die beiden Weltkriege.
Wirkung der Nationalstaatsidee in der überseeischen Welt: Selbstbestimmungsforderungen der Kolonialvölker gegenüber den „weißen Herren".
Idee der Selbstbestimmung entfaltete ihre eigene Dynamik als globale Idee.
Erster Weltkrieg wurde zum Motor der Selbstständigkeitsbestrebungen der Kolonialvölker.
Insbesondere in Asien wurde der Nationalismus geweckt („gelbe Gefahr")
Z.B. forderte Japan auf der Pariser Friedenskonferenz die Proklamation der Gleichstellung aller Rassen! > was die Kolonialmächte jedoch nicht zulassen konnten
Der wirtschaftliche und politische Aufstieg Japans zeigte die Entwicklung an > 1904/05 Japan besiegt Russland! = erster Sieg eines abhängigen Volkes gegen eine Kolonialmacht
> Staatenwelt geriet in Bewegung: neues asiatisches Staatssystem war im Begriff zu entstehen, gegen den europäischen Kolonialismus und gegen den US-amerikanischen Imperialismus gerichtet
→ Kolonialmächte wurden zunehmend mit Schwierigkeiten konfrontiert

1) Naher Osten:
Unabhängigkeitsbewegungen der arabischen Völker waren gegen das Osmanische Reich gerichtet und wurden von Frankreich und England als Gegner des Osmanischen Reiches (Verbündeter der Mittelmächte) im Ersten Weltkrieg unterstützt > Der Zerfall des Osmanischen Reiches führte zur Aufteilung der arabischen Welt in französische und britische Gebiete. Die neuen Bewegungen richteten sich jedoch teilweise auch gegen Frankreich und Großbritannien (z.B. die Saudis).

Das Osmanische Reich wurde durch die nationalstaatliche Revolution Mustafa Kemal Atatürks in die moderne Türkei umgeformt. Sie behauptete sich gegen die Pariser Friedensbestimmungen > Strahlungsfunktion auf die Nachbarländer. Auch Persien erringt mehr Souveränität mit der Installierung des Schahregimes

Mandatsgebiete Frankreichs: Syrien und Libanon }   Unabhängigkeits-
Mandatsgebiete Englands: Irak und Transjordanien }   bewegungen gegen F. und GB.
Sowohl Frankreich als auch Großbritannien hatten wirtschaftliche und strategische Interessen an der Aufrechterhaltung ihrer Herrschaft in der Arabischen Welt.
Großbritannien: Baumwollproduktion / iranisches Erdöl / Märkte für Fertigwaren / die Rolle Großbritanniens als Mittelmeermacht zu wahren / Luftrouten über den Nahen Osten / Seeweg nach Indien.
Frankreich: Bodenschätze / Rohstoffe / wirtschaftliche Investitionen / eine Millionen französische Bürger in Algerien / Verkehrsverbindungen zu den Westafrikanischen Kolonien.

Palästina:
Mit der Balfour-Erklärung vom 2.11.1917 versprach die Britische Regierung den Juden Palästina als Siedlungsgebiet und nationale Heimstätte. Doch bis 1930 nur 0,5 % der jüdischen Weltbevölkerung. In den 1930ern setzten große Flüchtlingswellen auch nach Palästina ein.
> Diese jüdische Einwanderung stieß von Anfang an auf Widerstand und Antipathie bei der arabischen Bevölkerung
Dilemma der britischen Palästina-Politik: Einerseits den Juden eine neue nationale Heimstätte zu geben, andererseits dem Unabhängigkeitswünschen der Arabischen Völker entgegen kommen. => Scheitern aller Vermittlungsversuche. Araber fordern Reduzierung der jüdischen Einwanderung > Zuspitzung der Lage durch den Zweiten Weltkrieg, insbesondere für Großbritannien hatte nun Palästina strategische Bedeutung

Nordafrika:
Erste Unabhängigkeitsbewegungen in Libyen (gegen die italienische Kolonialherrschaft), in Algerien und Marokko (gegen die Franzosen, welche immer von neuem Aufstände unterdrücken mussten), in Spanisch-Marokko (gegen die Spanier) und in Ägypten, wo England große Probleme hatte seine Mandatsstellung zu halten (wichtig: Suezkanal). Ägypten wollte schon an der Pariser Friedenskonferenz teilnehmen, doch dies wurde von England verhindert, worauf sich die nationalistische Wafd-Partei gründete. 1923 Anerkennung Ägyptens als Staat mit eingeschränkter Souveränität bzw. englischen Privilegien > Eingeständnis der Briten an die ägyptische Nationalbewegung (Wafd-Partei) 1936 Gefährdung der englischen Interessen in Ostafrika durch den italienischen Einmarsch in Abessinien > Vertrag zwischen England und Ägypten, erhebt letzteres zum Partner (keine Einigung in der Sudan-Frage, welches Ägypten für sich beanspruchte)

2) Afrika südlich der Sahara:
Bis zum Ende des Zweiten Nachkriegszeit war die Kolonialherrschaft der Europäer in „Schwarzafrika" ungebrochen. Ein Wandel aber in Ansätzen erkennbar.

Gesamtbild der englischen Afrika-Politik:
Schrittweise Übergabe der Herrschaft und allmähliche Partizipation
> Ausnahme bildete das von den Buren geführte Südafrika, was sich dem allgemeinen Emanzipationsprozess verschloss

Nach dem Ersten Weltkrieg übergab der Völkerbund zwar Mandate über dt. Kolonien an andere Mächte, dies kommt jedoch nichts anderem als einer Annexion gleich.

Das Ende des Kolonialismus kündigte sich schon zur Jahrhundertwende an (insbesondere in Ostasien) und wurde durch die revisionistischen Mächte beschleunigt: Durch deren Versuche eines rassistischen-revisionistischen Kolonialismus (D – I – J), entwickelte sich als Gegenströmung ein globaler Anti-Rassismus > Der wiederum eine Anti-kolonialistische Wirkung hatte

3) Ostasien:
China:
Im 19. Jh. wurde China mit neuen Herausforderungen konfrontiert: 1. Begegnung mit der europäischen Zivilisation und 2. Seine Einbindung in die Strukturen von Weltpolitik und Weltwirtschaft, die von Europa beherrscht wurden.
Ab 1890 wachsende anti-dynastische Aktivitäten von Geheimorganisationen. Zunahme antiwestlicher Strömungen in der chinesischen Gesellschaft gegen den europäischen Imperialismus gerichtet
→ Verlangen nach eigener Stärke und „Selbstverteidigung" > Formel: „Nationale Rettung"
➢ Wunsch nach Aufbau einer westlichen Industrie und Armee
Eine „Public Opinion" war im Begriff zu entstehen mit starken Patriotismus
Entstehen einer politischen Elite > Reformbewegung der 1890er Jahre
Die Eliten emanzipierten sich von den politischen Autoritäten und gerieten in Konflikt mit dieser.
Gleichzeitig Übernahme westlicher Ideologien und Gedankenguts → Konträr zum Konfuzianismus und seinem Weltbild!
➢ Leitgedanke der neuen nationalistischen politischen Strömungen: Dem Land Stärke und Machtstellung zu verleihen / Das Land gegenüber äußeren Einflüssen zu behaupten
➢ Die Niederlage gegen Japan 1894 gab dem Nationalismus auftrieb
Hohe Armut führte überdies zu einer Reihe von Aufständen > Modernisierung und Armut bringen enorme soziale Spannungen mit sich > Unmut der Bevölkerung wird von den neuen Eliten aufgefangen (insbesondere in den urbanisierten und industrialisierten Gebieten)
➢ 1911 Revolution der Eliten gegen die zentralistische Monarchie
Ideologischer Schmelztiegel:
Radikale Ideen: Nationalismus und Rassismus
Sozialer Radikalismus gegen die Autorität der konfuzianischen Familien- und Gesellschaftsstruktur
Anti-imperialistischer Patriotismus
Liberale Ideen: Individualismus, Demokratie, Emanzipation der Frau und der Jugend
Revolution stand im Zeichen von 1. nationaler Befreiung vom Imperialismus und 2. gegen die „feudalen" Wirtschafts- und konfuzianischen Gesellschaftsstrukturen
➢ Konflikt zwischen Radikal-revolutionären vs. Konservativ-monarchischen Kräften
➢ Mobilisierung der unteren Bevölkerungsschichten als neuer Faktor (von den revolutionären Kräften genutzt)
➢ Parteiliche und paramilitärische Organisation als neuer Faktor (von den revolutionären Kräften eingebracht)

Einfluss der Europäer ging zurück zu Gunsten Japans! (Übernahme der deutschen Besitzungen).
Die Revolution von 1911 schwächte China > ständige Bürgerkriegssituation machte es angreifbar von außen / Bürgerkriegspartei Kunmingtao:
Tschang-Kai-Tschek beherrschte den Süden Chinas vom Ende der 1920er bis Ende der 1930er Jahre, ab dann Verteidigungskrieg gegen Japan
Bis zum Bruch 1927 bestand eine Kommunistisch-Nationalistische Allianz (CKP-Kunmingtao)

Japan:
Die Öffnung des Landes nach 250jähriger Isolation brachte das innenpolitische Gleichgewicht durcheinander > Umbruchphase > konkurrierende Machteliten und Strömungen > die scheinbare Bedrohung der Unabhängigkeit des Landes / Spielball der westlichen Interessen zu werden formte die nationalistische Tenno-Ideologie > Steigerung im 20. Jh. zu einem chauvinistischen Ultranationalismus > Forderung nach der Hegemonie über ganz Ostasien
Innere rapide Modernisierung: 1872 Heer von Wehrpflichtige, 1890 Meiji-Verfassung, enormer Einfluss der militärischen Eliten.
Die schnelle Modernisierung der Wirtschaft und des Militärs brachte Japan die Anerkennung von der westlichen Welt 1894 > Aufstieg zum politischen Machtfaktor in Ostasien
Japans Sieg gegen China 1894/5 und seine expansionistischen Bestrebungen in Richtung Korea und Formosa und Chinas Küste (Liaoning) hatte einen gemeinsamen Protest Deutschlands – Frankreichs - Russlands zur Folge > Gefühl der Erniedrigung in Japan, da genau diese drei Mächte sich in China Schutzgebiete abtreten ließen.
→ Aufrüstung Japans gegen Russland! (Welches der Gegner japanischen Expansionsstrebens zum asiatischen Festland war) > Zusammentreffen mit britischen Interessen in Asien (gegen Russland und Deutschland) > 1902 japanisch-britische Allianz = Weg frei für Japans Krieg gegen Russland, den es 1904/05 gewann > 1905 Liaoning und Korea wird Japan als Protektorat gegeben und 1910 annektiert ohne Widerspruch der Briten oder Amerikaner

I. Weltkrieg:
Japan besetzte mit Einvernehmen Großbritanniens die deutschen Gebiete in China und im Nordpazifik (ohne Einspruch Frankreichs oder der USA) > Japans Chinapolitik wird in Versailles sanktioniert, um nicht mit Japan auf Konfrontation zu gehen

Nach dem I. Weltkrieg:
Drei Aspekte erzeugten in Japan einen enormen innenpolitischen Druck bzw. gesellschaftlichen Konflikt: 1. Der unbefriedigende Ausgang des I. Weltkriegs und die Vertragsbindungen für Japan 2. Der durch die Modernisierung der Industrie stark hervortretende Rohstoffmangel 3. Der hohe Bevölkerungsdruck → Konflikt der modernisierenden Kräfte vs. Japanische Nationalisten (aggressiv auftretend) → Verschärfung der sozialen und wirtschaftlichen Fragen → Ablenkung des Drucks nach Außen in Form von chauvinistisch-rassistischen Imperialismus (Ventil für den nationalistischen Fanatismus)
Die Ausnahmestellung der Militärs, des Kaisers und der großen Konzerne verhinderte eine Demokratisierung / Mit der Weltwirtschaftskrise gewannen die traditionellen Kräfte die Oberhand
→ Imperialistische Politik ab 1930 → Besetzung der Mandschurei 1931
Diese Ursachenkette machte Japan zum 2. Schwerpunkt des Zweiten Weltkrieges
➢ Gleichzeitig expandierten die USA im Pazifikraum
1921/22 Konferenz von Washington („Asiatisches Pendant zu Versailles") > Ostasiatische Welt war geregelt worden aus Sicht der USA: Abrüstungs- und Flottenabkommen, insbesondere die Reduzierung der japanischen Flotte, um dem japanischen Expansionsdrang die Flügel zu stutzen / Rückzug der Japaner aus China → mit dem Rückzug der Europäischen Mächte aus Ostasien bahnte sich der Konflikt der beiden Mächte USA und Japan an
➢ Einmarsch in die Mandschurei 1931 = Vertragsverletzung = brachte die Amerikaner ins Spiel

Weil sich Russland und die USA zurückgezogen hatten, weil die Kolonialwelt weiterhin als beherrschbar galt, fühlten sich die Europäer immer noch als Mittelpunkt der Weltpolitik (gilt auch für die revisionistischen Mächte)

4) British Empire

Als Zentrum eines Weltreiches sehr distanzierte Europapolitik. In den Dominions machte sich zunehmend eine Selbstständigkeitsbewegung breit.
- Umwandlung des Empires zum Commonwealth of Nations
- Zusammenhalt dieses Bundes stellte sich als stärker heraus als die lose Organisation es vermuten ließ

1926 Commonwealth-Konferenz

1931 Statut von Westminster

(Konstitution des Commonwealth war einzigartig! Es überlebte trotz der stürmischen Veränderung in der Dritten Welt nach dem II. Weltkrieg!)

Die Umwandlung des Empire ins Commonwealth bedeutete:
⇨ Anpassung an die Strömung der Entkolonialisierung
⇨ Anpassung an den Nationalstaatsgedanken
⇨ Umformung des Weltreiches zu einer Gemeinschaft selbstständiger Staaten ohne Anarchie und Chaos

Kehrseite: Großbritannien wurde in die Probleme der Commonwealth-Länder immer mit hineingezogen (z.b. Südafrika, Rhodesienfrage)

Indien:

Indiens Selbstständigkeitsbestrebungen war eine Anfechtung der westlichen Herrschaft über die Welt! Die 500.000 aus dem I. Weltkrieg zurückkehrenden indischen Soldaten und der wachsende Einfluss der Kongress-Partei verstärkten die Forderung nach Unabhängigkeit.

Frage der Organisation Indiens nach der Unabhängigkeit?

Spezifisches System der Herrschaftsteilung seitens der Briten ab 1917: Beteiligung der indischen Eliten an der Verwaltung, um Indien irgendwann in die Selbständigkeit zu überlassen / Indische Eliten = britisch-sozialisierte Oberschicht

Mahatma Gandhi:

Widerstand ohne Gewalt und freiwillige Hinnahme der britischen Justiz (Gefängnisaufenthalte) Seine Widerstandspolitik> Ausdehnung der Unabhängigkeitsbewegung auf alle sozialen Schichten (inklusive der politischen Eliten) Slogan: „No cooperation with the ...?"
➢ Moralische statt physische Macht! (Revolutionäre Form des Konfliktes)
Eventuell nur möglich gewesen, weil die Briten dem gegenüberstanden (in großem und ganzen rechtsstaatlich) Verbindung von Frieden + Rebellion + Kooperation
→Infragestellung des Herrschaftsanspruch der Europäer mit globalen Konsequenzen

Letztendlich vermochte er es nicht, die inneren sozialen und ethnischen Spannungen zu überbrücken > Bürgerkrieg > Gründung Pakistans

IV. Geschichte der Staatenwelt von der Pariser Konferenz bis 1931

1931 als Einschnitt: Japanischer Einmarsch in die Mandschurei

George Kennan: Die großen politischen Fehler werden meist in ruhigen Zeiten gemacht und nicht in Zeiten des Konflikts, da dann der Handlungsspielraum enger ist

In diesem Sinne = 1920er Jahre eine vertane Chance für dauerhaften Frieden?

Die internationalen Beziehungen der Zwischenkriegszeit sind entscheidend vom deutsch-französischen Verhältnis geprägt worden. Frankreich repräsentierte den Siegerstaat, der die im Versailler Vertrag festgeschriebene Ordnung zu erhalten versuchte <-> Deutschland repräsentierte den Verliererstaat, der die Revision dieser Ordnung anstrebte.

→ *1924 – 1928 Jahre der Rekonstruktion!!!*

Französische Haltung gegenüber dem Deutschen Reich war zwar destruktiv, aber verständlich, erholte sich doch Deutschland schneller vom Krieg als das zerstörte Frankreich. Zudem wurde die extreme Rechte in Deutschland zu einem gewichtigen / gefährlichen Faktor
Frankreich forderte Englische Garantie für seine Politik, für seine West- aber auch Osteuropapolitik > England lehnte ab, da es eine Gesamtlösung für alle Staaten suchte

10. April bis 19. Mai 1922 Konferenz von Genua
→ „Reconstruction" Europas in wirtschaftlicher Hinsicht
Versuch Großbritanniens die Sowjetunion mit einzubeziehen / Frankreich enttäuscht über die Konferenz / USA boykottierten die Konferenz
Die beiden europäischen Außenseiter der Nachkriegsordnung fanden zu einander im Vertrag von Rapallo > Es existierte nach dem Ersten Weltkrieg keine Interessensgegensatz zwischen dem Deutschen Reich und der Sowjetunion (Vor dem Krieg war ja das nach dem Krieg nicht mehr existierende Österreich-Ungarn der Erzfeind Russlands und damit ein Gegner des Deutschen Reiches) > 16. April 1922 Vertragsschluss: Keine militärischen Geheimklauseln! / Keine Allianz / In Wirklichkeit: Normalisierungsabkommen / Aufnahme diplomatischer Beziehungen / Keine gegenseitigen Reparationsforderungen > Angst bei den übrigen Mächten! Ansatzpunkt für mehr?
Enorme Wirkung auf die europäische Politik

a) Frankreich (1):
Innenpolitische Polarisierung. Bei den Wahlen 1919 siegt der Bloc National mit überwältigender Mehrheit. Im Mittelpunkt seiner Außenpolitik stand die Umsetzung des Versailler Friedens gegenüber Deutschland. Regierung Poincarés handelte nach dem Motto: Nachgiebigkeit würde die Unsicherheit nur verstärken!
Frankreich sah sich 1921/22 in einer misslichen Lage:
- Der Regierungswechsel in den USA (1920) bedeutete das Ende des anglo-amerikanischen Beistandsabkommen für Frankreich
- Zusammengehen Russlands und Deutschlands (Rapallo)
- Deutschland war im Rückstand mit seinen Reparationszahlungen
- Frankreich litt stärker unter den Kriegsfolgen als Deutschland und Deutschland war Frankreich demographisch, industriell und damit auch potentiell für die Zukunft militärisch überlegen
- Briten und Amerikaner waren nicht bereit zu einer Intervention gegen Deutschland
→ Frankreich griff zur Gewalt: 11. Juni 1923 Einmarsch im Ruhrgebiet! (als Ergebnis einer verzweifelten Stimmung in Frankreich > Panikreaktion)
Frankreich wollte dadurch mit militärischen Mitteln seine Positionen durchsetzen (Reparationen und Sicherheit) > Hoffnung, dass die USA und Großbritannien sich für eine wirksameres Reparationsmodell einsetzen würden = Falsche Hoffnung > Die USA und Großbritannien hielten sich in der Ruhrfrage zurück.
Frankreich hatte die Komplikation der Ruhrbesetzung nicht erwartet > Passiver Widerstand
Deutschland hielt dem Druck stand, doch fatale Folgen:
- ruinöse Inflation der Reichsmark mit der Ruhrkrise / Deutsche Währung zerstört
- Ruhrkrise gab den Extremisten links und rechts enormen Auftrieb
→ Nachdem die Lage zu bedrohlich wurde, schalteten sich die Briten ein > Beendigung des passiven Widerstandes
September 1923 Einsetzung einer Expertenkommission zur Ausarbeitung eines besseren Modells für die Reparationen (siehe Dawes-Plan)
  ➢ Sturz Poincarés 1924 aufgrund von innerwirtschaftlichen Problemen, aber auch gleichzeitig Ende der Außenpolitik des Bloc National einer französischen Kontinentalhegemonie bzw. Scheitern der Großmachtambitionen des Bloc National.

> Allmählicher Wandel des politischen Klimas in Europa / Labour siegt erstmals in England

1924 Linksliberal-sozialistische Regierung unter Herriot. Außenpolitischer Wandel unter Aristide Briand. > Drohender Staatsbankrott führt 1925 zum Rücktritt der Regierung Herriot, aber Briand blieb Außenminister. Briands neuer Kurs:
- Stärkung des Völkerbundes und der kollektiven Sicherheit durch Verständigung mit dem Nachbarn

In Stresemann fand Briand den geeigneten Partner für einen deutsch-französischen Ausgleich.

Dawes-Plan:
Neuregelung des Reparationsproblem / Beendigung der Ruhrbesetzung und Wiederherstellung der wirtschaftlichen Einheit Deutschlands / Entspannung des Deutsch-Französischen Verhältnisses > Trennung der ökonomischen und politischen Frage „Business, not politics" / Klärung des französischen Sicherheitsbedürfnisses

b) Konferenz von Locarno 1925:
(zentrale Rolle: britischer Botschafter in Berlin Lord d'Avannon)
16.Oktober 1925 Reihe von Abkommen in Locarno
01.Dezember 1925 Unterzeichnung der Abkommen in London

Ausgangssituation:
a) England war auf Ausgleich zwischen Frankreich und Deutschland bemüht
b) Frankreich wollte eine Sicherheit bzw. Garantie gegenüber Deutschland, über den Versailler Vertrag hinaus
c) Deutschland suchte zumindest die Einhaltung der Versailler Bestimmungen

Kernpunkte des Vertragswerkes:
> „Westpakt" zur Sicherheit zwischen Deutschland-Frankreich-Belgien-Großbritannien-Italien
> Verzicht auf die Änderung der in Versailles für Westeuropa festgelegten Grenzen (Deutschland – Frankreich – Belgien)
> D.h. Deutschlands Verzicht auf Elsass-Lothringen
> D.h. Frankreichs Verzicht auf die „Rheingrenze"
> Einhaltung der Entmilitarisierung des Rheinlands von Deutschland
> Eintritt Deutschlands in den Völkerbund (in die Familie der „nations civilisée")
> Schiedsverträge zwischen Deutschland und Polen und zwischen Deutschland und der Tschechoslowakei = Verzicht Deutschlands auf gewaltsame Grenzrevisionen
> Anerkennung seitens Deutschlands der Defensivverträge zwischen Frankreich und Polen und der Tschechoslowakei

→ mit Locarno sollte Recht anstelle der Macht zum bestimmenden Faktor werden

c) Deutschland (1):
Deutschland wehrte sich gegen ein „Ost-Locarno"! (Äußerst unpopuläres Thema in Deutschland / jede Regierung wäre daran gescheitert) > England wollte keine Sicherheiten oder Garantien für die Ostmitteleuropäischen Staaten geben = Kein Interesse in die Konflikte dieses Raumes hineingezogen zu werden bzw. Intervention in Osteuropa seitens der Engländer nicht gewollt
> Verlierer der Locarno-Politik war Polen! (G. Stresemann verteidigte sich hiermit gegen den Vorwurf „deutsche Interessen zu verkaufen")
> Durch die Entspannung im Westen lockerte sich der Zusammenhalt zwischen Frankreich und Polen

> Weder die USA noch Großbritannien ersetzten Frankreich als polnische Garantiemacht
> Bis 1939 keine Änderung dieser Lage für Polen (31.März 1939)
> Die Sowjetunion blickte misstrauisch auf Locarno: gefährliche Einheitsfront der kapitalistischen Mächte gegen die Sowjetunion?

Das Deutsche Reich musste sich, anders als es Artikel 16 des Völkerbundes forderte, nicht an die militärischen Sanktionsverpflichtungen gegen die Sowjetunion halten > Stresemanns Konzeption der Außenpolitik zwischen Ost und West kann somit weitergeführt werden (mit dem Ziel: Deutschlands Großmachtstellung mit wirtschaftlichen und diplomatischen Mitteln in Europa wiederherzustellen)

Stresemanns Politik der Versöhnung beruhte nicht auf altruistischen Idealen, sondern es war die Einsicht das nur durch Versöhnung mit Frankreich die deutsche Stellung in Europa wiederherzustellen sei! Er sah Deutschland als dem Westen zugehörig, versuchte aber die Balance aufrecht zu halten.
Demgegenüber sah Frankreich (Aristide Briand) ein, dass die Aufrechterhaltung des Pariser Friedens mit militärischen Mitteln nicht möglich war

In dem zentralen Verhältnis der europäischen Staatenwelt, dessen zwischen Deutschland und Frankreich, bedeutete Locarno das Ende einer ergebnislosen Konfrontationspolitik und den Anfang einer neuen deutsch-französischen Kooperationspolitik
„Geist von Locarno" verflog jedoch vergleichsweise rasch:
-   Vielen Deutschen ging die Räumung des Ruhrgebiets seitens der Franzosen nicht schnell genug
-   Vielen Franzosen waren die Eingeständnisse an Deutschland viel zu groß

Die Jahre von 1919 bis 1931 bildeten die „Goldenen Zwanziger" > Jahre ohne Krieg
Der Einmarsch der Japaner in der Mandschurei 1931 bildet die Zäsur!
In diesen „Goldenen Zwanziger" bildete Locarno jedoch das Optimum dessen, was in der europäischen Politik erreicht werden konnte!

→ Die Weltwirtschaftskrise begünstigte die Vergiftung des politischen Klimas in Europa
Ab 1931 war der Nationalismus wieder bestimmender Faktor in Europa
(1936 mit dem Einmarsch deutscher Truppen im Ruhrgebiet wurde letztendlich der Schlusspunkt unter die Entwicklung seit 1929 gesetzt)

Politik europäischer Integration gab es damals noch nicht. Die Politik aller europäischer Staaten beruhte weiterhin auf nationalistischen Zielen / Locarno sollte nicht als Anzeichen für Europäische Integration fehlinterpretiert werden

d) Deutsche Außenpolitik:
Bestreben nach Eigenständigkeit und die Bewahrung der Autonomie ist ein zentraler Movens deutscher Außenpolitik schon seit Preußen > Vorraussetzung hierfür ist ein gewisses Maß an politischer und ökonomischer Macht. Im 19. Jh. nahmen die Versuche zu, zwischen den beiden Mächten an den Flanken (Russland und England) zu bestehen bzw. bei sich selbst zu bleiben bzw. nur sich selbst verpflichtet, ohne Anlehnung oder Assimilation an eine der Mächte. Im Wilhelminischen Reich versuchte man diese eigene Machtstellung Deutschlands kriegerisch zu verteidigen bzw. festigen.
> In diesem Hintergrund ist Stresemanns Außenpolitik zu sehen / Das Konzept einer Neutralität zwischen den Blöcken Ost und West eine eigene Position zu beziehen.

➢ Diese Sicherheits- und Gleichgewichtspolitik war nur möglich, weil Deutschland als potentielle Macht gesehen und damit in seiner eigentlichen Stärke überschätzt wurde.

Neben den Ultra-Nationalisten, hatten die übrigen Gegner der Außenpolitik Stresemanns Zweifel, dass Deutschland die nötige Kraft hatte eine eigene Machtrolle in Mitteleuropa einzunehmen. Unterschiedliche Gegen-Konzepte:
-   Christlich-liberale (Adenauer) wollten eine starke Anlehnung zum Westen mit enger Kooperation mit Frankreich
-   Kommunisten wollten umgekehrt eine enge Anlehnung an die Sowjetunion
-   Nationalisten traten für die Wiederherstellung einer Großmachtstellung ein, mit Konfrontation Frankreichs

1926 Versuch Briands und Stresemanns eine Gesamtlösung zu finden für die offenen Fragen zwischen Deutschland und Frankreich (z.b. Besetzung des Ruhrgebiets)
Deal zwischen Briand und Stresemann:
1.   Frankreich gab die besetzten Gebiete an Deutschland zurück (Saar, Ruhrgebiet, Eupen-Malmedy etc.)
2.   Deutschland zahlte Frankreich hierfür Geld (Reichsbankzahlungen zur Stabilisierung des Francs und zur Tilgung der französischen Schulden an die USA) GELD gegen TERRITORIEN!
In Frankreich gab es große Vorbehalte gegen die Aufgabe der Territorien aus nationalistischem und sicherheitspolitischen Motiven.
Scheitern dieses Deals:
-   Der Franc erholte sich unter der Regierung Poincarés erstaunlich schnell (Wegfall einer Voraussetzung für das französische Interesse an den deutschen Zahlungen)
-   Die USA waren gegen eine zu starke deutsch-französische Annäherung, insbesondere in wirtschaftlicher Hinsicht (Da Deutschland finanzpolitisch seit dem Ende des Ersten Weltkriegs abhängig von den USA war, hätte die deutschen Zahlungen für diesen Deal nur mit amerikanischer Zustimmung aktiviert werden können, was die USA jedoch verweigerten)
    ➢ Neues Konzept seitens der USA: Dawes-Plan
    Fester Zahlungstermin / festgesetztes Ende / jährlich festgelegte Ratenzahlung

03. Oktober 1939 Tod Stresemanns und die Weltwirtschaftskrise führen zu einer Wende in der europäischen Politik. Auch die Regierungswechsel in Frankreich und England führen nicht zu Entspannung, sondern trugen eher zu den nationalistischen Spannungen bei.
Die von Briand und Stresemann eingeleitete Ordnung in Europa zerbrach Ende der 20er/Anfang der 30er. Das Zeitfenster für eine erfolgreiche Entfaltung der Locarno-Politik war zu klein gewesen. Die Weltwirtschaftskrise zerstörte das neugewonnene Bisschen an internationaler Moral und brachte die europäische Politik wieder zurück zu nackter nationaler Interessenspolitik.
    ➢ Es setzte eine Gewissheit ein, dass der aufziehende Krieg unvermeidbar sei
    ➢ Gegensätzliche Atmosphäre zum „Geist von Locarno"

e) Sowjetunion:
Die Sowjetunion war nicht in das europäische Staatensystem integriert gewesen und konnte nicht integriert werden aufgrund des Misstrauens gegenüber des revolutionären Anspruchs der UdSSR. England war immer in einem Konflikt mit der Sowjetunion, bis hin zum Bruch der diplomatischen Beziehungen. (Traditioneller Machtkonflikt zwischen Großbritannien und Russland trat nun verstärkt durch die ideologische Komponente hervor)
Stresemanns Annäherung an den Westen (Ausgleich mit dem Westen/Locarno/Eintritt in den Völkerbund) stellte für die Sowjetunion das Ende der deutsch-sowjetischen Zusammenarbeit dar:

Die Sowjetunion sah die Gefahr der Vereinnahmung Deutschlands durch Großbritanniens. Das kollektive Sicherheitssystem des Völkerbunds war in Bezug auf Deutschland gefährlich für Russland, da sich im Falle eines Krieges Deutschland und der Westen gegen die Sowjetunion hätten wenden können oder Deutschland zumindest den westlichen Truppen zum Durchmarsch hätte zu Verfügung stehen können. Der Völkerbund wurde als Instrument der kapitalistischen Macht gesehen.

Russische Initiativen ab März 1924 zur Verhinderung der Locarno-Politik > schon der 3. Versuch das Deutsche Reich vom Westen fern zu halten = Russische Offerte „Neutralitätsvertrag"

Doch: Intensives Engagement Großbritanniens in der Europapolitik und verstärktes amerikanisches Interesse aufgrund des US-Kapitals in Europa verhinderten ein deutsches Einlenken auf die sowjetischen Offerten

1926 Berliner Vertrag / Neutralitätsvertrag: Man lockte Deutschland mit Polen bzw. Deutschland wurde angeboten für eine Abkehr von einer Westorientierung mit Russland gemeinsam gegen Polen vorzugehen. (Wichtig Art. 2 des Neutralitätsvertrages!!!) Der Berliner Vertrag ist ein Gegengewicht zu Locarno und reduzierte die sowjetische Furcht vor einem Angriff des Völkerbundes. Bei Angriff einer dritten Macht sollten beide Vertragspartner neutral bleiben. Diese Neutralität galt auch bezüglich finanziellen und wirtschaftlichen Sanktionen gegen einen der Vertragspartner > Verzicht der Deutschen den Art.16 des Völkerbundes anzunehmen!

Die Sowjetunion war bemüht um vertragliche Sicherheit an ihrer Westgrenze, während sie sich in einer Phase der inneren Konsolidierung befand.

Im Gegensatz zu der Vorkriegszeit war das Vertragssystem keine Blockbildung. Allein Frankreich hatte sich mit Verträgen „alten" Stils seine kontinentale Vormachtstellung gesichert > Frankreich betrieb als einziger eine europaweite Bündnispolitik

Die Staatenwelt der 20er Jahre setzte sich aus alten / konventionellen und neuen Elementen zusammen > (alte) Bündnissystem <-> kollektives Sicherheitssystem (Völkerbund); alte und neue Elemente standen in Konkurrenz. Die Sicherheit aus Vertragswerken wurde immer weniger als zufriedenstellend angesehen.

Dies wurde verstärkt durch den Rückzug der Weltmächte.
- Die USA waren allein durch ihr Kapital bzw. finanzpolitisch in Europa engagiert
- Großbritannien stand traditionell distanziert gegenüber kontinentalen Angelegenheiten
- Die Sowjetunion hatte in gewissen Grade Teil am europäischen Staatsystem, aber nur in Form von Nichtangriffspakten, ergo rein sicherheitspolitisch (bilaterale Verträge oder Defensivbündnisse mit seinen Nachbarn, Deutschland, Frankreich und Italien)
  Motiv: Die außenpolitische Atempause nutzen um die innenpolitische Umwandlung durchzuführen (Zitat Stalin)

Doppelgleisigkeit der sowjetischen Außenpolitik:
Die Sowjetunion wirkte in der Zwischenkriegszeit weniger als eine politische Macht, hielt sich eher zurück, aber wirkte auf revolutionärer Weise in die kapitalistischen Systeme hinein. Revolutionäres Instrument ist die Komintern.

Unterstützung der Kommunistischen Parteien und Arbeiteraufstände. Diese revolutionäre Aktivität der Sowjetunion hatte nichts mehr mit traditioneller Diplomatie zu tun. Auf diplomatischer Ebene konnte sie alle Vorwürfe von sich weisen. Die Unterstützung der englischen Kommunisten und des Bergarbeiteraufstandes führte zum Bruch der diplomatischen Beziehungen zwischen England und Russland vom März 1927 bis 1929. Der sowjetische revolutionäre Anspruch richtete sich insbesondere gegen Deutschland („Wer Deutschland besitzt, besitzt Europa") und Großbritanniens („Zitadelle des Kapitalismus").

f) Frankreich (2):

Zusammen mit dem „Cordon sanitaire" versuchte Frankreich den Status Quo zu erhalten bzw. die Gestaltung Europas, die aus dem Pariser Frieden hervorgegangen war, beizubehalten. Öffentlichkeit und Politik standen unter dem Eindruck eines extremen Sicherheitsbedürfnisses (securité) = Sicherheitsdilemma! Sicherheit konnte nur erhalten werden durch die Akkumulation von noch mehr Macht > hegemoniale Rolle Frankreichs (halbe Hegemonie). Frankreich geriet in diese Rolle nolens volens aufgrund seines Sicherheitsdilemmas! Starrheit der französischen Politik gegenüber jeden Versuch die Pariser Friedensordnung zu verändern, auch wenn dies unter dem Aspekt der Anpassung an die sich wandelnden Bedingungen oder der Elastizität stand > Chance vertan, das Friedenssystem flexibler, annehmbarer und dauerhafter zu machen.

g) Großbritannien (1):

In seiner Politik viel globaler und weniger kontinental-europäisch ausgerichtet. Gegen Krieg und pro Beibehaltung des Friedens allerdings eines wandelbaren flexiblen Friedenssystems. In seiner internationalen Politik war der zentrale Movens: friedlicher Wandel. Englands Politik wurde mit neuen Maßstäben geführt: Ökonomie als Machtfaktor! Dies stand im Gegensatz zu den kontinentaleuropäischen Mächten.
Position zu Europa: Keinesfalls Deutschland vom europäischen Konzert auszuschließen.
Position zur kolonialen Welt: Transformation der Kolonialstaaten in Partner
→ Politik des friedlichen Wandels im globalen Rahmen als Leitmotiv
Englands Handlungsfähigkeit war erheblich eingeschränkt durch den Verselbstständigungsprozess seiner Kolonien. Die traditionelle Haltung Großbritanniens führte auch immer wieder zur Konfrontation mit Frankreich, jedoch ohne die Entente cordinale in Frage zu stellen. Die „No Intervention"-Haltung Großbritanniens trug mit zum Versagen des kollektiven Sicherheitssystems bei. Deutschland sah auch nicht in England seinen Gegner, sondern in Frankreich!

h) USA:

Die Vereinigten Staaten gründeten ihre internationale Politik auf eine Außenwirtschaftspolitik ohne Verpflichtung zur militärischen und politischen Intervention. Deshalb lehnten sie auch die von Großbritannien geforderte Rolle für das Friedenssystem einzutreten ab. Stattdessen „Politik der offenen Tür" = unbegrenzter Außenhandel ohne das Soldaten dahinter stehen müssten.
Ziel: Den unteilbaren Weltmarkt für die USA zu gewinnen > Gegensatz wirtschaftlicher und machpolitischer Art zur Sowjetunion > Dieser Widerspruch zwar in der Sowjetunion begriffen und auch als Bedrohung erkannt (sie sah in den USA den zukünftigen und gefährlichsten Gegner unter den Mächten), aber den Gegebenheiten der damaligen Zeit entsprechend sah die Sowjetunion die USA sehr nützlich: In Ostasien als Gegengewicht zum expandierenden Japan.
Motiv der Sowjetunion: Deutschland und die USA zu stärken gegen Frankreich, Großbritannien und Japan. Hier führte die revolutionär-ideologische Sowjetunion eine ganz klassische pragmatische Machtpolitik, wenn es um eigene elementare Interessen in der Staatenwelt ging.

i) Zusammenfassung:

Uneinheitliche Organisation der Staatenwelt der 20er Jahre
Frankreich = orientiert sich an klassischen Elementen der Machtpolitik
England = orientiert sich an neuen Elementen der Politik
USA = reduziert seine Außenpolitik auf Außenwirtschaftspolitik (Politik der offenen Tür)
SU = Doppelgleisigkeit der Strategie: Betrieb Weltrevolution, aber sah in den USA ein Gegengewicht zu Japan in Ostasien und einen Balancefaktor zu Frankreich in Europa

Unterschiedliche Auffassungen der Macht:
- Der Machtbegriff der Sowjetunion orientierte sich an militärischen und strategischen Elementen (da wirtschaftlich und diplomatisch keine Möglichkeiten bestanden)
- Der Machtbegriff Deutschlands war diplomatisch und außenwirtschaftlich geprägt (da keinen militärischen Mittel zu Verfügung standen und sich D. in einer strategisch ungünstigen Lage befand)

Die ökonomische Ohnmacht Habenichtse und Verlierer jener Zeit (im Kontext eines Wandels der Machtpolitik hinzu Wirtschaftspolitik) sahen keinen anderen Weg als Aufrüstung und Krieg – gepaart mit Antiamerikanismus (radikaler Durchbruch des „alten" Machtbegriffs)
> Kampf der Kulturen
Der Paradigmenwandel in der Weltpolitik wurde in Japan, Deutschland und Italien als Bedrohung empfunden! < Der Krieg war keine realpolitische Umsetzung von Interessen, sondern insbesondere ein Kampf gegen den Verlust der eigenen Identität
18. September 1931 Einmarsch der Japaner in die Mandschurei > Japan stellte damit das bestehende internationale System in Frage

4 Elemente prägten die Ordnung der europäischen Staatenwelt in der Zwischenkriegszeit
1. **Europa sah sich zwischen den beiden Supermächten in einem machtpolitischen Vakuum**
    a) *Das europäische System war von ursprünglich von den USA mitgeschaffen worden (Kriegseintritt und Pariser Frieden), aber dann zogen sich die Amerikaner vom „alten" Kontinent zurück und blieben auch dem Völkerbund fern*
    b) *Gleichzeitig war die Sowjetunion in einer Abseitsstellung in Europa*

2. **Beträchtliche Reste der europäischen Herrschaftsbedeutung waren zurückgeblieben**
    (Internationale Institutionen und Konferenzen waren in Europa)

3. **Europa blieb auch in der Zwischenkriegszeit ein Hauptkrisenherd der Weltpolitik**
    (Friedensordnung vs. Revisionismus / Die Unruhe rückte Europa immer wieder in das Zentrum der Weltpolitik, nicht seine wirkliche Bedeutung/ Keine Überlegenheit Europas)

4. **Schwaches System kollektiver Sicherheit**
    Größte Schwäche des Völkerbundes ist seine mangelnde Universalität (Keine USA; Japan und Sowjetunion erst später und nur bis 1939). Die europäische Interessenspolitik hatte somit ein Übergewicht > Europäische Streitfragen stehen im Zentrum. Zudem sah Frankreich den Völkerbund als Instrument seine nationalen Interessen in Europa durchzusetzen*. Streitschlichtung gelang dem Völkerbund nur in regionalen Fragen, jedoch kam es i.d.R. nicht zu einer Lösung, sondern einer Aufschiebung des Problems. Jedoch stellt der Völkerbund eine neuartige Institution dar, welche versucht die Belange der internationalen Politik frei von Blockbildung zu regeln Ein großes Problem lag in der Einstimmigkeit zur Beschlussfassung im Völkerbund, die es einem einzelnen Mitglied ermöglichte einen Beschluss zu verhindern
*=Frankreich schloss alle seine Bündnisse unter Berufung au Art. 3 des Völkerbundes ab

j) Völkerbund und internationale Abkommen:

Völkerbund und Locarno waren der Versuch in der Politik das Element der Macht, durch das Element des Rechts zu ersetzen. Insbesondere die kleineren Staaten suchten Zuflucht im Element des Rechts – die Großmächte im Element der Macht.

Wegen der Schwäche des Völkerbundes gab es immer wieder Versuche die Mechanismen des Völkerbundes zu verbessern, z.b. Genfer Protokoll: Verpflichtung der Mitglieder und Unterscheidung von drei Formen des Krieges.

1) Angriffskrieg – illegal – muss als solcher einstimmig von den Mitgliedern erkannt werden
2) Verteidigungskrieg – legal – befürwortet und zu unterstützen
3) Sanktionskrieg – gegen „Angriffskrieger" oder jemanden der sich gegen eine Norm des Völkerbund wendet

Dieser Versuch der Verbesserung der Effektivität des Völkerbundes scheiterte

a) am Einspruch Großbritanniens, welches nicht in europäische Konflikte verwickelt werden wollte, ebenso die Dominions lehnten dies ab
b) an der fehlenden Interventionskompetenz

1928 Initiative Briands und Kellogs > Briand-Kellog-Pakt
(Erstes Abkommen seit Paris mit dem die USA wieder mit politischen Engagement auf dem europäischen Kontinent erscheinen!) 1. Internationale Ächtung des Kriegs! 2. Versuch Frankreichs die USA als Garantie für den Status Quo zu gewinnen unter dem Mantel der „Kriegsächtung". Am 15. Juli 1929 folgte die Ratifizierung in 15 Ländern, deren Anzahl sich in den Folgejahren vergrößerte. > Moralische Verurteilung des Krieges! ABER viele Sonderregelungen: Frankreich nimmt sich das Recht auf Krieg (Angriff) im Sinne einer Verteidigung heraus.

1929 Nachdem der Dawes-Plan sich als undurchführbar erwiesen hatte, wurde der Young-Plan entwickelt, der auf eine Modifikation der Zahlungsbedingungen und eine Senkung der jährlich zu erbringenden Leistungen zielte.

Im Grunde stellte der Briand-Kellog-Pakt eine umwälzende Erweiterung des Völkerbundes dar, aber für die Durchsetzung blieb nur der Mechanismus der Sanktionen. Er stand neben den Bündnissen alter Art und dem Recht auf Selbstverteidigung > Moral vs. Recht

→ *In der Zwischenkriegszeit existierte ein heterogener Machtbegriff. Wirtschaftliche Habenichtse standen militärisch hochgerüsteten Mächten gegenüber > Verlierer dieser Entwicklung stürzten sich in den Krieg*

→ Keine der großen Nationen war bereit Souveränität abzugeben, wenn es um Fragen von nationalem Interesse ging > Scheitern des Völkerbundes

Die Staatenwelt der 20er Jahre setzte sich aus zwei Teilen zusammen: Dem europäischen und dem ostasiatischen, daneben die beiden Supermächte.

→ *Kontrast der Zeit zwischen Pazifismus und Nationalismus/Revisionismus als Folge des Ersten Weltkriegs. Daraus entstand eine Janusköpfigkeit bei allen Versuchen Frieden zu wahren. Nationalismus war letztendlich überall stärker als die gemeinsame demokratische Grundlage.*

→ *Der Aufstieg des Revisionismus seit Beginn der 1930er Jahre war möglich, weil sich 1. Die Großmächte vom Prinzip der kollektiven Sicherheit abwandten und 2. weil aufgrund Frankreichs ökonomisch bedingten politischen Machtverlust das gesamte Versailler System geschwächt wurde.*

→ *Gründe für das Scheitern des Liberalismus bzw. der Demokratie in der Zwischenkriegszeit:*
1. *Zusammenspiel von Marktwirtschaft, parlamentarischer Demokratie und bürgerlichen Freiheitsrechten funktionierte nicht*
2. *Die Friedensbestimmungen setzten in Osteuropa Nationalismus und Ethnozentrismus frei, die schließlich zum Aufbrechen der internationalen Ordnung führten*
3. *Die parlamentarische Regierungsform war den Gegebenheiten nicht angemessen*
4. *Es fehlte an Wohlstand und Prosperität als Vorraussetzung für politische Stabilität*

V. Europa zwischen Demokratie und Diktatur
Zentrales Thema in der Zwischenkriegszeit: Demokratie vs. Diktatur
- *Demokratie schien zu triumphieren –*
(Völkerbund, Konsolidierung Europas, Demokratieerweiterung)
Europa wurde jedoch von seiner Vergangenheit eingeholt:
Internationalismus/Pazifismus wurden allmählich von Nationalismus/Revisionismus verdrängt (wirtschaftliche Situation begünstigte diese Entwicklung. Die Weltwirtschaftskrise erhöhte den Druck vermehrter Interessenskonflikte in den Gesellschaften!

Überblick über die Verfassungen und Regime:
Frankreich=Parlamentsdemokratie / England=Kabinettsdemokratie / USA=Präsidialdemokratie /

Unterschiede zwischen West- und Nordeuropäischen „alten" Demokratien (Sieger) und den Mittel- und Osteuropäischen „neuen" Demokratien (Verlierer) treten hervor. Dies war das Ergebnis der Ausdehnung und Vertiefung der Demokratie nach dem Ersten Weltkrieg, sowohl geographisch als auch konstitutionell (Durchsetzung des Parlamentarismus).
> gesellschaftspolitische Strukturprobleme bei den „neuen" Demokratien, da es an den historischen, gesellschaftlichen, kulturellen und mentalen Vorraussetzungen für die Demokratie mangelte. Die neue Staats- und Regierungsform stand unter einem Legitimierungsdruck > funktionale Diktaturen um den Staat intakt zu halten
> Experiment die Demokratie nach Mittel- und Osteuropa zu tragen – Aufgabe die Demokratie als System und als Lebensform populär zu machen
> Schwierig: Europa lag wirtschaftlich und gesellschaftlich am Boden nach dem Ersten Weltkrieg und die Siegermächte standen für Ungerechtigkeit!
> Der neue Links- und Rechtsextremismus absorbierte die Sehnsucht der Menschen nach Ordnung, Frieden, Gerechtigkeit und Wahrung der eigenen Werte und Identität

a) Die Dritte Republik in Frankreich:
Inwieweit sind die innenpolitischen Entwicklungen (Zerrissenheit) der französischen Politik für den Ausgang des Jahres 1940 verantwortlich? Inwieweit ist sie selbst für ihr Scheitern verantwortlich? (la décadence)

Wirtschaftliche Entwicklung:
Frankreichs befand sich in wirtschaftlich schlechter Lage < Niedergang des Francs
Die wirtschaftliche Entwicklung Frankreichs der 20er steht im Gegensatz der zu Englands, wo versucht wurde die Währung unbedingt zu stabilisieren

Frankreichs Entwicklung:
- Stabilisierung des Francs nur vorübergehend
- Verwüstungen des Krieges wurden beseitigt

- Arbeitskräftemangel wurde durch Migration behoben (Verließen jedoch wieder zur Weltwirtschaftskrise)

1928 Einzelhandelspreise 5½ mal höher als vor dem Krieg!
BSP pro Kopf 1/3 höher als 1913! > Es muss also Gewinner und Verlierer gegeben haben.
Verlierer und Gewinner der Wirtschaftsentwicklung in Frankreich:
  ➢ Rentner und Leute mit festen Einnahmen wurden zunehmend geschädigt.
    Insbesondere die Inhaber von festverzinslichen Wertpapieren. So gesehen waren die
    Leidtragenden die „Sparsamen" und „Ehrlichen", nicht die Reichen – führte zu Not
    und Bestürzung
  ➢ Besitzendes Unternehmertum konnten ihren Besitz vergrößern
  ➢ Gut ging es dem Industriesektor, sowohl Management als auch Arbeiter. Letzteren
    gelang oftmals der Aufstieg in die untere Mittelschicht
Der Bevölkerungsrückgang (weniger Geburten und Kriegsbedingte Dezimierung der männlichen
Bevölkerung) wurde durch Landflucht und Einwanderung ausgeglichen.

Ablehnung der französischen Politik gegen Maßnahmen zur Stabilisierung des Francs > verspätete
Folgen treten in der Weltwirtschaftskrise hervor > 1930 sank der französische Export > 1931 Mit
der Abwertung des britischen Pfunds und des US-Dollars ging der Vorteil (billigere Produkte) der
französischen Exportwirtschaft verloren > Exportkrise
Bis 1936 wurde der Franc künstlich stabil gehalten = Der Weg der Deflation drängte sich auf!
Auch die Einschränkung der Produktion und Finanzspritzen führten zu nichts.
1935 Versuch der Deflation = Kürzung der Regierungsgelder und der Sozialleistungen

Die Arbeitslosigkeit in Frankreich erreichte jedoch nicht die Ausmaße wie in England oder
Deutschland, wegen der Verkürzung der Arbeitszeit (40-Std. Woche) und der Auswanderung der
in den 20ern eingewanderten ausländischen Arbeitskräfte.
  ➢ Löhne fielen aufgrund der Arbeitszeitverkürzung
  ➢ Fall der Preise / dadurch bedingte Erholung der Kaufkraft
  ➢ Große Unzufriedenheit (Streiks 1936) trotz höherer Kaufkraft

Sommer 1936 wird die sozialistische Regierung unter Leon Blum gebildet und die
Deflationspolitik aufgegeben. Maßnahmen und Folgen:
  – Lohnerhöhung um 20%
  – hohe Kapitalflucht und Investitionsrückgang
  – Arbeitszeitverkürzung wurde zunehmend zum Problem
  – Keine Verringerung der Arbeitslosigkeit, sondern Erhöhung
  – Rasant ansteigende Preise!
  ➢ Juni 1937 musste die Regierung zurücktreten und die Politik der
    „Kaufkraftsteigerung" wurde beendet.

Neue Regierung mit P. Renault leitete einen Sparkurs ein und revidierte die Politik der Sozialisten.
- Abschaffung der 40-Std. Woche
- Kapital kehrte zurück nach Frankreich
- Französische Wirtschaft begann sich zu erholen ab 1939
- Steigerung der Produktion
→ Kurz vor dem Ausbruch des II. Weltkriegs war die französische Wirtschaft auf einem
aufsteigendem Ast

Politische Entwicklung:
In Frankreich triumphierte in der Nachkriegszeit anders als in Resteuropa die Rechte!!!
(obwohl gerade in Frankreich die Linke traditionell sehr stark war)
> Die Russische Revolution hatte in Frankreich ein negatives Echo und erschreckte das
> französische Bürgertum
> Verweigerung der Rückzahlung der französischen Anleihen durch das Sowjetregime, ließ
> gerade in dieser leidvollen Situation, die Revolution in schlechtem Lichte erscheinen
> Sehr viel französisches Kapital, aus Investition ins Zarenreich noch vor dem Ersten
> Weltkrieg, ging mit der Verstaatlichung in Sowjetrussland verloren
> = *Linke war diskreditiert*

Stimmung in Frankreich nach dem I. Weltkrieg war von einem nationalen Stolz geprägt.
Wahlen 1919 = 70% der Stimmen an Kandidaten der Rechten und Konservativen < grundlegender
Unterschied zu Resteuropa, wo die Linken die führende Kraft der Nachkriegszeit bildeten
→ *Dritte Republik orientierte sich an nationaler Interessens- und Balancepolitik.*

Plan der Rechten*:
Aufbau Frankreichs sollte durch deutsche Reparationen bezahlt werden => Fehlannahme!
Rechte triumphierten mit aggressiver Politik gegenüber Deutschland (Forderung nach Annexion
der linksrheinischen Gebiete)
Folge: Verbitterung in Deutschland nahm zu / Vergiftung des deutsch-französischen Politik und
der europäischen / Egoistische Attitüde überwog

1919/20 zeigte sich für Frankreich, dass die Garantien von Großbritannien und den USA für die
französische Deutschlandpolitik ausblieben! Nach Wilson schlossen die Amerikaner zudem noch
einen Sonderfrieden mit dem Deutschen Reich! USA und England sahen den Versailler Frieden als
kontraproduktiv.
> Frankreich sah sich allein gelassen! = Sehnsucht nach Sicherheit (hieraus taumelte
> Frankreich in die Ruhrbesetzung)
> Franzosen machten ihre Volkswirtschaft mit dem Plan der Rechten* abhängig von der
> deutschen Volkswirtschaft

1923 löste eine Linkskoalition die Rechte ab und es kam eine Wende der Außenpolitik

1926 Neuauflage der „Block"-Regierung, nun unter dem Namen Union Nationale, wieder unter
Führung Poincarés, aber ohne außenpolitischen Kurswechsel! Briand konnte seine Außenpolitik
auch unter Poincaré fortsetzen > mündete in den Brian-Kellog-Pakt. Wiederwahl der Union
Nationale 1928.

Nach dem Tode Stresemanns und dem Einsetzen der Weltwirtschaftskrise standen die Zeichen auf
Konfrontation. > Briand geriet nach außen wie nach innen in die Defensive.
Nachdem leichten Aufschwung in den 1920er Jahren, begann mit der Weltwirtschaftskrise eine
neue Periode wirtschaftlicher Nöte, die sich in vollem Maße auf das politische System durchschlug
> mehrere instabile Minderheitsregierungen lösten sich einander ab, ohne effizientes
Krisenmanagement.

III. Republik stand immer vor der Gefahr des Autoritären mit Nationalismus und Antideutschtum
Nebeneinander von demokratischen Pluralismus und autoritären Cäsarismus
Jedoch Nie wurde die Nation in Frage gestellt! Demokratische Verfasstheit in der Nation bildete
den Konsens zwischen beiden Elementen

Französische Demokratie gleich Mischung aus Revolutionärem und Autoritärem, der seinen Konsens in der Nation findet

Der absolute Parlamentarismus ließ die französischen Regierungen oft wie Übergangsausschüsse aussehen (häufiger Regierungswechsel: 33 Regierungen in der Zwischenkriegszeit)
Relative Stabilität der Zentralregierung

Trotz der Zerklüftung und Fragmentierung des französischen Parteien- und Gruppensystems, kam es immer zur polarisierenden Blockbildung Rechts vs. Links!

Die Modernisierung bzw. die Reform des Systems, die Anpassung an die wirtschaftlichen, sozialen und technischen Änderungen erfolgte nicht!
(z.B. kein Frauenwahlrecht bis 1944: 1. Linke fürchtete durch Frauenwahlrecht einen Rückgang des laizistischen Prinzips / 2. Rechte fürchtete Stimmengewinne der Linke / Umstritten ist bis heute wem es geschadet bzw. genützt hätte)

Mehrheits- vs. Verhältniswahlrecht = führte zu Mischlösung 1919
(1917 absolutes Mehrheitswahlrecht)
Prototyp der parlamentarischen Demokratie! Gebrauch der präsidiellen Verordnungsgewalt unter Zustimmung des Parlaments = Keine Entlassung des Parlaments / Absolute Kontrolle lag beim Parlament! > Unterschied zu Weimar

Kontroverse: Hatte die 3. Republik versagt oder funktioniert?
-   Versagt: Da sie der Herausforderung des Kriegs nicht gewachsen war
-   Funktioniert: Da sie den Frieden versucht hat zu bewahren

In den 1920er Jahren waren die Extremen (links und rechts) waren in den Hintergrund getreten.
Rechte Extreme: Bonapartismus / Nationalkonservative / Faschistische Gruppen
Linke Extreme: Sozialisten (hielten am demokratischen System fest), Kommunisten (hatten Rücklauf wegen der negativen Resonanz der Russischen Revolution, wurden aus Moskau unterstützt) => Trennung zwischen den kommunistischen Systemgegnern und den demokratischen Sozialisten
  ➢ Sozialisten akzeptierten die bürgerliche Republik aus pragmatischen Gründen

Frankreichs relative Stabilität der 20er Jahre wurde wenig beeinträchtigt durch die häufigen Regierungswechsel. In den 30er Jahren Gefahr von den Extremen.

5 Regierungen waren seit 1932 an der Budgetfrage gescheitert > Frankreich näherte sich chaotischen Zuständen (Rechtsruck in ganz Europa / Diktatur wirkte ansteckend)
  ➢ Fundamentalkritik an der Demokratie aus dem allgemeinen Unmut
  ➢ Insbesondere außerhalb des Parlaments verbreitete sich der Eindruck, das demokratische System sei den Anforderungen der Zeit nicht gewachsen
  ➢ Auftrieb für die antiparlamentarischen Kräfte
In Frankreich immer häufigere öffentliche Auftritte und Demos uniformierter rechtsextremistischer Splittergruppen, mit der Forderung nach einem autoritären Staat.
  ➔ Finanzskandal um Serge Darvsiki erregte die Öffentlichkeit!
    Anlass zu massiver Kritik am System / Zunahme gewalttätiger Auseinandersetzung
    6. Februar 1934 Marsch der Rechten auf das Parlament wird gewaltsam gestoppt!
  ➢ Fortbestehende Putschgefahr

Nachdem Ende der Nationalen Union bildete sich eine Koalition, die die Rechte Gefahr abwandte: Volksfront 1936. (Frankreich bewältigte die Demokratiekrise durch Zusammenschluss der demokratischen Kräfte)
→ Neue Regierung von den Bürgerlichen zu den Kommunisten unter Leon Blum
(Liberale/Sozialisten/Kommunisten)
Pragmatische Position der Kommunisten: Der Einbeziehung der Kommunisten in das „Volksfront"
– Experiment, geht die Zustimmung für diese Mitarbeit aus Moskau voraus. (Torres = Stalinist)
➢ Die sozialistische Faschismustheorie weicht einer pragmatischen Einstellung gegenüber in Moskau zurück!
Die Bürgerliche wandte sich geschlossen der Idee des Kampfes gegen die extreme Rechte zu, sogar die Katholiken.
Erfolgsphase der Volksfront aber nur von kurzer Dauer (Rücktritt 1937). Die Politik von der Regierung unter Daladier wurde von der Zuspitzung der internationalen Lage überschattet. Die fortgeführte Politik der kollektiven Sicherheit war sinnlos – Frankreich verlor immer mehr die Initiative und geriet ins Fahrwasser der britischen Appeasement-Politik.

→ Erfolgreicher Zusammenschluss der antirechten Kräfte < wesentlicher Unterschied zu den Demokratien in Deutschland und Italien.

Volksfront-Politik zum spanischen Bürgerkrieg:
Außenpolitisch gehemmt! Keine gemeinsames Konzept
Unentschiedene Position, da man den eigenen Bürgerkrieg fürchtete.

Volksfront hatte nicht den Erfolg, den sie sich erhofft hatte: Kein Verschwinden der Rechten Gruppen (Vichy!) -> Rechte waren nach 1940 noch organisierter, zahlreicher und aggressiver (u.a. Wechsel von kommunistischen Führungskräften und Intellektuellen zu den Rechten)

Schicksal der 3. Rep. erfüllte sich mehr im außenpolitischen und militärischen Bereich <Versagt Innenpolitisch erhielten sich die demokratischen Strukturen. (Zuflucht für viele Flüchtlinge aus Europa)

b) Großbritannien (2):
Außenpolitisch + Innenpolitisch = positiv
Enorme wirtschaftliche Probleme und hohe Arbeitslosigkeit

Charakteristisch: Schwäche extremistischer Parteien / Niedrige Gewaltbereitschaft / Starker nationaler Zusammenhalt / Festhalten am klassischen Wirtschaftsliberalismus > Gegensatz zu den kontinentaleuropäischen Demokratien und zu den USA im wirtschaftlichen (New Deal)
Englands politisches System erwies sich als anpassungsfähig!

➔ Den wesentlichsten Wandel im Politischen Bereich bildete der Untergang der Liberalen und der gleichzeitige Aufstieg der Labour-Partei. Labour stellte 1924 erstmals die Regierung.

Schwächung der Ausfuhr des Landes ab 1920!
Stagnation der Nachfrage traf die exportorientierte britische Industrie (Fertigprodukte!)
2/3 der Exporte vor dem Krieg = Kohle/Stahl/Fahrzeuge/Schiffbau/Waffen/Textilien > Nach dem I. Weltkrieg nicht mehr gefragt oder nicht bezahlbar
ungünstige Entwicklung für die britische Kohleindustrie:
➔ andere Kohlereviere in Europa waren mit neuester Technik den britischen überlegen
➔ Rohstoff Öl gewann an Bedeutung

➜ KRISE des britischen Kohlebergbaus / massive Strukturprobleme
Führungsrolle der Briten im 19. Jh. in der Wirtschaft führte dazu, dass notwendige Änderungen und Anpassungen vernachlässigt wurden!

Nur vorübergehende Stabilisierung der Wirtschaft von 1925-1929. England war das Land des Freihandels > Verzicht auf Schutzzölle zu einer Zeit als alle anderen Länder Schutzzölle erhoben. Bis 1932 erhoben die Briten keine Schutzzölle und waren somit anfällig für ausländische Produkte. Britische Anteil (vor dem Krieg enorm) am Welthandel sank! Hohe Arbeitslosigkeit insbesondere in der Schwerindustrie (1925: 20% > 1932: 37%) Erst mit den Rüstungsprogrammen Ende der 30er Jahre ging es ökonomisch aufwärts.

Frage: Warum, trotz all dieser Not und sozialen Missstände, überlebte das demokratische System?

- Krise 1931! Arbeitslosenzahl stieg auf drei Millionen. > Wirtschaftsdepression führte wie fast überall in Europa zur politischen Krise!
- Großer Streik von 1931 war friedlich und ging mit einem Sieg der Regierung zu Ende.
- Die politische Krise konnte gelöst werden und wurde nicht zur Systemkrise!

Beide Seiten stellten den inneren Frieden der Nation nicht in Frage > Unterschied zu anderen Ländern Europas! Im Rest Europas haben die sozialen Konflikte zur Zerstörung der Verhältnisse geführt.
Ursachen hierfür liegen in der besonderen Geschichte Englands:
Seit dem 19. Jh. schon waren die Gewerkschaften in England anders behandelt worden und führten dementsprechend andere Ziele> Anstelle des revolutionären Umsturzes, wurde der Weg des Wandels durch Reform eingeschlagen. Labour zog es vor diesen Weg zu gehen, um die Einheit des Landes, der Gesellschaft nicht zu gefährden. Demgegenüber stand ein Regierungssystem was immer Bereitschaft von Kooperation bis Integration zeigte > Konsens statt Konflikt!

1931 kommt es zu einer Einheitsregierung „national coalition". Die Labour ging mit in die Regierung und nahm dadurch die Spaltung der Partei in Kauf > Die Versöhnung mit dem System gelang / Revolutionäres Lager hatte verloren
➢ In den Hochburgen des Kapitalismus (GB und USA) war Faschismus nie eine führende oder bedeutende Strömung
➢ Durch das Fehlen einer revolutionären Linken in England (und den USA) kam es zu keiner Reaktionsbewegung (Faschismus)! Der Antikommunismus wurde hier von den Konservativen aufgefangen. Anders als in Deutschland oder Italien.
➢ In England (und den USA) waren beide Totalitarismen nie eine Bedrohung!

Während sich die demokratische Gesellschaft Englands selbst tragen konnte, ohne zerstörerische Bedrohung aus dem Innern, kam es zu Fehleinschätzungen und Enttäuschungen in der Außenpolitik > Die diplomatische Elite kam insbesondere mit dem neuartigen revolutionärem Element in der Politik nicht zurecht.

Appeasement-Politik:
➢ Konfliktvermeidung wurde nicht mehr wie im 19. Jh. aus einer Position der Stärke betrieben, sondern aus der Angst, durch einen größeren Konflikt die Weltmachtstellung endgültig zu verlieren!
➢ Moderate Politik gegenüber Deutschland (Reparationszahlung und Locarno)
➢ In England glaubte man bis zum deutschen Einmarsch nach Tschechien, das Deutsche Reich sei durchaus im Rechte bestimmte Teile des Versailler Systems zu revidieren.
➢ England wollte den Krieg vermeiden wegen seiner wirtschaftlichen Probleme und der Umwandlung des Commonwealth, die viel Konzentration auf sich zog

> England war gegen ein System kollektiver Sicherheit! (Nichteinmischungs-Prinzip steht im Kontrast zur kollektiven Sicherheit)
> England ließ Hitler das Versailler Vertragswerk revidieren (Münchner Konferenz 1938), aber England war nicht bereit für den Konflikt.

Zentraler Movens: Vermeidung des großen internationalen Konflikts, welcher zu einer Überlastung des Commonwealth führen. Commonwealth konnte nur ohne Konflikt zusammengehalten werden.

Unterschied zwischen Großbritannien und Frankreich zu Mittel-, Ost- und Südeuropa: In Frankreich und England wurde die Demokratie als selbstverständlich gesehen. Hieraus erklärt sich warum sich beide Gesellschaften gegenüber den Umwälzungen der 30er Jahre relativ stabil erwiesen bzw. lebensfähig aus sich selbst heraus und für sich selbst. Jedoch nicht für die anderen: Beide Demokratien vermochten nicht das europäische Staatensystem zu stützen gegen die Bedrohungen.

c) Nordeuropa:
Die Monarchien der Niederlande und Skandinaviens wurden umgewandelt in Mischformen der britischen und französischen Demokratie. Auch hier erwies sich die Demokratie als stabil / Die Linke entwickelte sich nicht revolutionär. Es herrschte (bis heute) ein gemäßigter Sozialismus vor, z.B. schwedisches Modell.

In Resteuropa entstanden die Demokratien jedoch aus dem Krieg oder dem Pariser Frieden heraus. Rechte und Linke bildeten hier bedeutende systemfeindliche Kräfte!

d) Italien:
Der italienische Faschismus war das neuartige Phänomen der Zwischenkriegszeit. Entstanden als eine Art Gegenrevolution zum Kommunismus, war er jedoch sehr viel komplexer als nur das. Er kombinierte alles mit allem = revolutionär und reaktionär zugleich?!
Die Entwicklung in Italien war eine allen anderen Staaten vorausgehende.
Die einzige Stoßrichtung in welcher die Faschisten einig waren, war die Ablösung des Liberalen!

Vorgeschichte: Nach dem Waffenstillstand in Italien zeigte sich, das Land hatte seine Einheit bewahrt und war von keiner Seite von Gegnern umgeben. Italienische Wirtschaft hatte im Krieg große Fortschritt gemacht (Konzentrationsprozess / große Konzerne) > Italien war auf einem guten Weg in die Moderne hin zu einer prosperierenden Marktwirtschaft.

In Folge dessen war Italien aber auch abhängig vom Ausland geworden. Und mit Kriegsende kamen zwei bedeutende Probleme hinzu: Die Demobilisierung der Armee (wohin und was tun?) und die wirtschaftliche Umstellung zu Friedenswirtschaft

Welche Partei konnte am besten mit den Problemen umgehen?
Italienische Faschisten schritten zwar klar auf dem Weg des nationalistischen Imperialismus voran, behielten aber die revolutionäre Rhetorik und Inhalte.
Italienische Sozialisten und die Arbeiterschaft standen unter großem Eindruck der Russischen Revolution. Öffnung gegenüber Moskaus.
Durch die totalitäre innere Bedrohung kam es zum politischen Zusammenschluss der Katholiken „Partito populare" (PPI) und Christdemokraten, welche demokratisch waren (Völkerbundsgedanke / pro soziale Reformen / Ausgleich zwischen Nord und Süd / Frauenstimmrecht) und mit ihren Forderung an der Spitze des demokratischen Fortschritts in Italien waren > Zusammengehen mit dem eigentlich antiklerikalen Bürgertum.

Legende vom „verstümmelten Frieden":
In den Pariser Friedensverhandlungen forderten die Italiener, dass was ihnen laut den Geheimverträgen (Belohnung für den Eintritt in den Krieg) zustand, u.a. Gebietszugewinne in der Adria. Die USA zeigten sich jedoch nicht bereit für Abtretungen Jugoslawiens an Italien und Wilson verprellte die Italiener, indem er alle Geheimverträge nicht anerkannte!

Fiume/Rijeka:
Die Stadt wurde nach dem Ersten Weltkrieg ausdrücklich Kroatien zugesprochen, obwohl sie sich Italien zugehörig fühlte. Es bildete sich eine autonome Stadtregierung und die Zugehörigkeit zu Italien wurde gefordert. > Nationalistische Kampagnen seitens der italienischen Presse griffen die Statusfrage Fiumes auf!

19. April 1919 Außenminister Italiens erhielt eine Ablehnung und Zurückweisung vom amerikanischen Präsidenten bezüglich Fiumes. > Italiener verlassen Pariser Verhandlungen. Mit demagogischen Mitteln wollte man die internationale Gemeinschaft zum Umschwenken zwingen. Nationale Empörung über die Alliierten > Italienische Gesandte mussten jedoch auf Druck der Alliierten an den Verhandlungstisch zurückkehren. Diplomatische Niederlage Italiens und nationale Schmach!
→ Dies führte zur Legende um den „verstümmelten Sieg", der ähnlich Wirkung in Italien hatte, wie die Dolchstoßlegende in Deutschland.

Einer neuen Regierung in Italien gelang es ein besseres Verhältnis zu den Alliierten aufzubauen. Für den Status Fiumes wurde ein „Freie Stadt"-Konzept zu etablieren.

Italienische Soldaten, angeführt vom Dichterhelden Gabriele D'Annunzio besetzten die Stadt, ohne Widerstand der Bewohner oder der alliierten Diplomaten oder Kontingente, und errichteten eine Art proto-faschistische Herrschaft. Die Armee Italiens war nicht bereit gegen die Besetzer Fiumes vorzugehen!
Fiume ist als Wegweiser für den Marsch auf Rom zu sehen!

Nationalisten erhoben Ansprüche auf den ganzen Adriaraum (Lago italiano). Das Königreich Jugoslawien wurde als Bedrohung gesehen, die es zu beseitigen galt > Jugoslawien und Albanien waren die Hindernisse zu Italiens Weltmachtstellung.

Gabriele D'Annunzio
Die von ihm angeführten Freischärler hatten schon faschistischen Stil: Abzeichen / Auftreten / Uniformen / Symbolik / revolutionäre Rhetorik / Gewalt in der Öffentlichkeit
Aber die Bewegung verkam und ging auf in anarchische Elemente
→ Die bürgerliche und katholische Moral wurde erschüttert und herausgefordert. Land befand sich nahe des Ausnahmezustandes

Innenpolitisch aufgewühlte Atmosphäre:
Ministerpräsident Giolitti versucht die Probleme mit liberalem Politik- und Staatsverständnis zu lösen.
➤ Der italienischen Armee wird der Angriffsbefehl gegen D'Annunzio gegeben, welcher daraufhin kapituliert
➤ Vertrag mit Jugoslawien über den Status Fiumes/Rijekas = freie Stadt / und Abtretung von Teilen Dalmatiens
➤ Staatliche Stellen gehen mit Gewalt gegen die Kommunisten vor
Giolitti und die Regierung gehen als Sieger aus dieser Krise hervor, beseitigen aber nur vorübergehend die Gefahr von Rechts und Links, der Extremen.

In Italiens Mittelschicht begann sich der Unmut breit zu machen, verstärkt durch die Wirtschaftskrise.
→ Faschisten Mussolinis nutzten den Unmut der Bevölkerung aus!
   Instrumentalisierung der Angst des ländlichen Besitzstandes und des Unmuts des städtischen Mittelstandes
Faschisten überziehen Italien mit politisch motivierter Gewalt ab 1920!
1920: 20.000 Mitglieder > 1921: 250.000 Mitglieder!

➢ Staatliche Stellen verhindern die faschistische Gewalt nicht! Faschisten wurden geduldet und nicht bekämpft

Konnten oder wollten die Liberalen den Staat nicht gegen die Faschisten verteidigen?
Einwand: Staat ging sehr entschieden gegen die Sozialisten vor, ließ den Faschisten aber meist freie Hand.

Halten der Armee: Armeeführung begrüßte die Faschisten als Element gegen antinationalistische Kräfte. Suchte Kontakt bis Kooperation zu den Faschisten.

Die Regierung Giolitti versuchte nicht mit allen Mitteln den Faschismus zu bekämpfen. Er war überzeugt von der Integrationskraft des liberalen Staates und dass die Faschisten, sowie die linksradikalen systemfeindlichen Kräfte auf Dauer in den Staat zu integrieren seien < Irrglaube, aber Haltung vieler italienischer Liberaler. > Faschisten wurden demnach nicht als Feinde an sich behandelt!

Die katholisch-bürgerlich ausgerichtete Volkspartei (PPI) wurde 1922 von Giolitti mit in die Regierung einbezogen.

Während jedoch die Volkspartei und die Sozialisten für ein anti-faschistisches Regierungsbündnis eintraten, war Giolitti der Ansicht, der faschistischen Gewalt ein Ende setzen zu können durch Regierungsbeteiligung der Faschisten (ein gewaltsames und geschlossenes Vorgehen gegen die Faschisten sah er als kontraproduktiv, da es die Faschisten radikalisieren würde)

Geringe Erfolge 1921 bei den Wahlen, trotz der vielen Gewaltakte der Faschisten. > Faschisten erkannten: Gewalt war erfolgreich! > Gewaltanwendung wurde intensiviert und ausgebreitet. Gleichzeitig spielten sie gegenüber Giolitti die „korrekten" Fraktion im Parlament, der am Ende der Gewalt interessiert sei.

Marsch auf Rom
Bewaffneter Überfall auf die Hauptstadt. Stellte die Regierung zur Wahl zwischen Kampf und Kapitulation! Erpressung der Faschisten: Entweder Regierungsübergabe an Mussolini oder Gewalt 26.000 Mann wurden außerhalb Roms versammelt (Belagerung?!). Aber in Rom waren 28.000 Soldaten stationiert – Sieg wäre dem Staat bei einer Konfrontation sicher gewesen.

Hintergründe:
1. *Versöhnungspakt zwischen Regierung und Faschisten*
2. *wachsende Bereitschaft für ein antifaschistisches Bündnis seitens PPI und Sozialisten bzw. wachsende Ablehnung einer Kooperation mit den Faschisten*
3. *Verhalten des Kabinetts und des Königs beim Marsch auf Rom*

Zu 1 – Pakt blieb in erster Linie ergebnislos, da die Faschisten in der Regierung auf ein Ende der Gewalt gar keinen Einfluss hatten. Lokale Führer der Fasci ignorierten den Versöhnungspakt und weiteten unbekümmert die Gewalt aus. Mussolini zog hieraus eine Lehre und begann ein Doppelspiel im Kabinett.

Zu 2 – Als am 13. Juli 1922 die Häuser zweier Abgeordneter demoliert wurden trat die Volkspartei energisch gegen die Faschisten auf und forderte eine antifaschistische Regierung. Auch andere bürgerlichen Parteien schlossen sich der PPI an und waren bereit mit den Sozialisten in eine antifaschistische Regierung zu treten! Versuch scheiterte letztendlich an den liberalen Konstitutionalisten, welche keine Akzeptanz zeigten für ein antifaschistisches Bündnis und eine Zusammenarbeit mit den Sozialisten ablehnten. Liberale zogen den Versuch vor, die Faschisten zu absorbieren nach dem Motto Integration statt Kampf! > Verhandlungen mit den Faschisten über einen Regierungseintritt.

Zu 3 – Mehrheit des Kabinetts war gegen ein gewaltsames Vorgehen gegenüber Mussolini, doch der parlamentarische Druck zwang die Regierung dazu den König um die Ausrufung des Notstandes zu erbeten > König verweigert den Notstand! Der König unterstützte nicht den Widerstand gegen die Faschisten, sondern stellte sich auf die Seite der Verfassungsgegner. Warum? Erstens gab es Druck aus seiner Familie, die ihm gemeinsam mit den Faschisten einen Putsch androhten, Zweitens wurde er von seinen Beratern dazu bewogen, einen Kompromiss mit den Faschisten einzugehen, im Glauben diese zu bändigen können und in eine von den Liberalen geführte Regierung einzutreten < Mussolini lehnte es strikt ab, nur Juniorpartner zu werden

29. Oktober 1922 – Wegen der Aussichtslosigkeit bittet der König Mussolini eine Regierung zu bilden. Faschistische Banden strömen in die Hauptstadt. In der Folge konnte Mussolini viele Liberale und Sozialistische Funktionäre für seien Faschistische Bewegung gewinnen. Der ersten Regierung Mussolinis gehörten Liberale und die Volkspartei an.

1923/24 schaffte Mussolini mittels eines neuen Wahlgesetzes die 2/3 Mehrheit im Parlament für seine Partei (aus eigentlich 20 Abgeordneten wurden über 200!). In Folge wurde das Parlament funktionslos, nach dem Austritt des restlichen Drittels der Parlamentarier. Der Kampf zwischen Faschisten und Antifaschisten ging weiter. Nun waren erstere allerdings in den Staat eingebunden (Faschistische Milizen)

Haltung der Kirche/PPI/Christdemokraten: Zusammenarbeit mit Faschisten wurde von der Parteibasis verurteilt (April 1923). Mussolini verbannte die PPI- Minister aus der Regierung und attackiert öffentlich die Kirche! Die PPI ersetzte ihre Parteiführung. Doch die Kirche wollte nicht die Konfrontation mit den Faschisten und suchte den Ausgleich. Die PPI unterstützte in der Folge die antidemokratische Machtübernahme der Faschisten.

Faktoren für Mussolinis Weg zur Macht:
- außenpolitischer Revisionismus
- innenpolitische Disposition einer nicht gefestigten konstitutionellen Monarchie (Parlament und Regierung schlugen unterschiedliche Wege ein)
- Kommunistische Herausforderung
- Antikommunistische Antwort der Bürgerlichen
- Entschlossenheit und Gewaltsamkeit der Faschisten
- Liberales Vertrauen in die Kraft der Integration
- Nichtzustandekommen einer antifaschistischen Koalition zwischen Katholiken und Sozialisten
- Entscheidung des Königs Mussolini die Macht auszuliefern (29.10.1922)

Bei den Wahlen vom 6. April 1924 gehen 65% der Stimmen auf die Faschisten (unter den über 360 Kandidaten der faschistischen Liste sind 135 Ex-Liberale!)
→ Die anderen Parteien (G.Amendola/liberal und G.Matteotti/Sozialist) verurteilen die Wahl als ungültig wegen der intensiven Gewalt der Faschisten vor den Wahlen
→ Regierung geriet nach dieser parlamentarischen Offensive der anderen Parteien in Verruf (Mai 1924) Viele Liberale und Faschisten distanzierten sich von Mussolinis Partei. Die Faschisten reagierten mit der Ermordung G.Matteottis. Die Liberalen und Sozialisten zogen daraufhin aus dem Parlament aus (Aventin-Sezession). Die Verteidiger der Verfassung setzten ihre Hoffnung auf den König und die Kirche
→ Der König weigerte sich jedoch Maßnahmen zu ergreifen! (Zweites Mal erwies er dem italienischen Faschismus einen großen Dienst) *Hiermit hatte sich die Opposition selbst entmachtet!*

Ab 1925 gewinnt der italienische Faschismus seine Kraft wieder zurück und baut seine Macht kontinuierlich aus bzw. die Demokratie ab (Vollendung der Diktatur):
- Attentat auf G. Amendola der in Folge dessen stirbt
- Pressefreiheit verschwindet
- Parlamentarische Einflussmöglichkeiten verschwinden
- 1927 Errichtung von Sondergerichten (stehen über der Gesetzgebung/keine Berufung/Mussolini ernennt die Richter)
- Vollmachten der Faschistischen Partei vergrößert
- „Anti-Faschisten" werden wie Vogelfrei behandelt (Deportationen)
- Gründung einer Geheimpolizei (1927)
- 1928 Endgültige Abschaffung aller bis dahin nur Fassadendasein führenden Reste der repräsentativen Demokratie
- 1928 Gründung des faschistischen Großrats (Ernennung der Reg./Verfassungsfragen/Nationale Fragen)

1929 „Lateranverträge"! Erfolg für das Regime in der Einigung mit der Kirche
- große Zugeständnisse an die Kirche (insbesondere Religionsunterricht)
- trug zu einer passiven Gefügigkeit in der italienischen Gesellschaft bei
- für die Faschisten war hiermit eine Konkurrenzsituation im Innern bewältigt
- Faschisten fühlen sich freier und begannen mit der charakterlichen Umerziehung der Gesellschaft im faschistischen Sinne mittels systematischer Indoktrination (Uniformität / faschistischer Mensch / soldatisch-heroische Tugenden)

Außenpolitik:
Italien war keine Großmacht. Seine revisionistischen Ansprüche brachten es in Konflikt mit Frankreich als Schutzmacht der Versailler Ordnung und mit Großbritannien, wegen dessen Hegemonie im Mittelmeer. Befriedigung des Imperialismus schien nur jenseits Europa praktikabel = Abessinien 1936/37. Die brutale Aggression gegen ein Völkerbundmitglied zog Wirtschaftssanktionen und die Isolierung Italiens nach sich > Deutsche Reich als neuer wirtschaftlicher und politischer Partner. Das Embargo wurde durch die wirtschaftliche Kooperation mit Deutschland unwichtig und die imperialistischen Pläne Italiens im Mittelmeer konnten nur an der Seite Hitlers verwirklicht werden > April 1939 Besetzung Albaniens.

Gedanken zum italienischen Faschismus:
- Es handelte sich um eine legale Machtergreifung, aber dies Einhergehend mit Gewalt
- Mussolinis Machtergreifung unterschied sich vom klassischen Staatsstreich als auch von der bolschewistischen Revolution, trotzdem muss Mussolini in der Reihe der Revolutionäre des 20. Jh. gesehen werden

- Er hatte totalitäre Züge bzw. war er Ansatzweise totalitär, insgesamt jedoch nur nationalistisch-imperialistische Diktatur, Faktor Massenmobilisierung spielt eine bedeutende Rolle. Er verzichtete auf eine totalverbindliche Weltanschauung!
- Er war aus dem Krieg geboren und für den Krieg geschaffen worden
- In Italien herrschte trotz des faschistischen Systems eine Koexistenz mehrerer Machtfaktoren
- Machtergreifung des italienischen Faschismus dauerte von 1922-1927, mündete erst 1925/26 in die Diktatur. Charakteristisch: Terror; politische Justiz; Zucht und Disziplin; Uniformität; Erziehung zum neuen Mensch.
- Ziel des totalen Staates wurde nicht erreicht! Auch als Bewegung nie Totalität erreicht!
- Traditionelle Kräfte blieben stark genug den Faschismus an der Entfaltung zum Totalitarismus zu verhindern
- Aber Machtergreifung und Charakter waren neuartig (Altes und Neues / Reaktion und Revolution)
- Große Gemeinsamkeiten zwischen dem Nationalsozialismus und dem Faschismus bestehen insbesondere im Erscheinungsbild!

e) Deutschland (2):
Die Weimarer Republik wurde belastet durch den Versailler Frieden, die wirtschaftliche Lage, die Revolution und die damit verbundene kommunistische Gefahr. Insgesamt gab es in Deutschland ein hohes anti-demokratisches Potential. Innen- und außenpolitische Belastungen erschwerten den demokratischen Anfang. Wichtiger Unterschied zu Italien in der direkten Nachkriegszeit:
> 1919-1925 stand an der Staatsspitze ein sozialdemokratischer Präsident
> Erst nach 1925 stand mit Hindenburg ein adeliger und konservativer Vertreter der Monarchie an der Spitze des Staates, der (wie König Emmanuel) dem Druck der äußersten Rechten nachgab
Parteien welche das System bekämpften hatten hohe Unterstützung. Kommunisten und die Rechten waren einerseits erbitterte Gegner, andererseits einig in der Beseitigung der Republik.
- Kommunisten sahen den Kapitalismus zusammen mit dem Faschismus als Feind (sozialistische Faschismustheorie)
- Die Rechten sahen die Kommunisten und Demokraten zusammen als Feind (Dolchstoßlegende)
- Sozialdemokraten suchten eine sozialistische Staatsform gemäß ihrer Ideologie
- Konservative träumten von der Wiedererrichtung der Monarchie und ihrer bürgerlichen Ordnung > wurden nicht ins System integriert!
Deutschland verstand sich nicht als demokratisch!!! Die Demokratie galt überwiegend als „importierte" Staatsform, als undeutsch! Ständige Regierungswechsel wurden als schlechtes Funktionieren des Parlamentarismus gedeutet. Die Demokratie war in der politischen Kultur noch nicht verankert > Kampf der Kulturen. Diese Ablehnung der Demokratie brauchte nicht von den Rechten erst konstruiert werden.

Die Stresemann'sche Außenpolitik suchte eine Verbesserung der internationalen Beziehungen > Aufwertung des deutschen Prestige > Aufbesserung der innenpolitischen wirtschaftlichen Situation und Milderung des Konflikts seitens der Extremisten > Beseitigung der Auffassung Demokratie sei nur Wirtschaftsnot, Krise und nationale Schwäche!
1924-29 Phase der Normalisierung in diesem Sinne, Wirtschaft erholt sich, das internationale Prestige der Weimarer Republik wächst, Innenpolitische Stabilisierung
UMKEHR dieser Aspekte 1929! Hintergründe:
1. Weltwirtschaftskrise > Arbeitslosigkeit und existenzielle Not
2. Plötzlicher Tod Stresemanns zu einem Zeitpunkt wichtiger internationaler Richtungsentscheidungen

3. Restaurationspläne der Konservativen (Umfeld Hindenburgs)
4. Die Rolle der Reichskanzler und weiterer Personen um den Reichspräsidenten
→ Folge: Die Durchsetzung der totalitären Diktatur in einem wirtschaftlich, technisch und zivilisatorisch hochentwickeltem Land!
Wirtschaftskrise führte in anderen Demokratien nicht zum Systemwechsel! Warum?
Starke Diskrepanz zwischen staatlichem sowie geistigem Gefüge und der Wirtschaftsform im Deutschen Reich führte zu verheerenden Folgen der Wirtschaftskrise.
Die Inflation von 1923 wurde überwunden, hinterließ aber eine Angst bei der Mittelschicht = fehlende Unterstützung der Republik. Die darauffolgende Deflationspolitik führte zu einer Abhängigkeit von ausländischem Kapital (USA) < Aufschub für den Revisionismus

Nach der Weltwirtschaftskrise erhielten insbesondere in Deutschland die antidemokratischen Kräfte Auftrieb. Die Konservativen unter Hindenburg verwiesen die Parteien und das Parlament in ihre Schranken ganz nach Tradition des Kaiserreichs. (General von Schleicher)
Die Krisenregierung unter Brüning 1930 hatte keine breite Basis (anders als in anderen europäischen Ländern) und die wirtschaftlichen Maßnahmen wurden nicht positiv aufgenommen.
➢ Hitler stößt in diese Situation
➢ Innenpolitisches Machtvakuum in das die antidemokratischen Kräfte hineinströmen können
Ursache: Die politischen Folgen und die Reaktion auf die Wirtschaftskrise (nicht die Wirtschaftskrise selbst) machte die Machtergreifung der Nationalsozialisten möglich. Die NS-Wahlerfolge führten darüber hinaus zum Abzug amerikanischen Kapitals und ausländischer Einlagen aus Deutschland. Auf Brüning folgte 1932 der von Schleicher eingesetzte von Papen, der die Lage nicht in den Griff bekam, aber einen autoritär-konservativen Staat errichten wollte. Bei der Juli-Wahl 1932 erlangen NSDAP und KPD eine negative Mehrheit , wodurch das Parlament handlungsunfähig wurde und das Parlament unverzüglich per Misstrauensvotum die Regierung von Papens zu Fall brachte. Bei den Neuwahlen im November 1932 verlieren die Nationalsozialisten wieder Stimmen > Hitlers Versuch die Mehrheitspartei zu werden scheint erfolglos > Innerparteiliche Spannungen
➢ Von Schleicher nimmt das Heft selbst in die Hand
➢ Hindenburg folgt seiner Umgebung (auch v. Papen) und beruft unerwartet Hitler zum Reichskanzler!
➢ Machtergreifung gleich Machtauslieferung (von den Konservativen)?!

Das Scheitern der Weimarer Republik beruht auf einer Vielzahl von Belastungsfaktoren:
- *Mängel der politischen Kultur und autoritäre Gesellschaftsstrukturen*
- *Außenpolitische Belastungen (Versailler System / Revisionismus)*
- *Institutionelle Rahmenbedingen (Stellung des Reichspräsidenten und des Parlaments)*
- *Instabile wirtschaftliche Entwicklung (Weltwirtschaftskrise)*
- *Keine Integration von Militär, Bürokratie und Justiz*
- *Radikalisierung der Arbeiterschaft*

30. Januar 1933 Ernennung Hitlers zum Reichskanzler = Ende der Weimarer Republik (Auftakt zum Untergang).
Der Nationalsozialismus veränderte Deutschlands Gesicht in einer „legalen" Revolution. Er absorbierte jegliche Macht durch die politische, gesellschaftliche und öffentliche Gleichschaltung.
➢ Prozess zur Durchsetzung der nationalsozialistischen Ziele setzte ein > Umwandlung des Deutschen Reiches innerhalb kurzer Zeit; alte Eliten und Institutionen wurden verfügbar gemacht oder eliminiert
➢ Allein Wirtschaft und Militär konnten sich bis 1936 bzw. 1938 behaupten, fielen dann aber unter nationalsozialistisches Diktat
Machtergreifung ist abgeschlossen im August 1934!

Land wird mit NS-Institutionen überzogen, häufig in Konkurrenz mit den bestehenden stehend. Charakteristisch für die NS-Machtergreifung: Die demokratischen Institutionen einzubinden und zu nutzen bzw. zu bewahren, solange sie von Nutzen waren zur Erreichung der NS-Ziele. Weiterhin bestanden konservative Bastionen im NS-Staat. Auch hier Verbindung von Altem und Neuem, von Terror und Legalität etc. > Militarismus Innenpolitische und Außenpolitische tiefgreifende Umwandlung eines demokratischen Rechtsstaats hinzu einem totalitären Staat.

Psychologisches Mittel: Befreiung von Versailles < Machtergreifung erhielt den Schein der Legalität, denn Recht (Weimar/importierte Demokratie) wurde mit Recht (deutsche Stärke) gebrochen!

Ab 1934 profitierte Hitler von dem Aufschwung der Weltwirtschaft, den er in Deutschland für sich in Anspruch nahm.

Von Anfang an war der Rassismus ein Bewegungsgesetz im Nationalsozialismus, eine zentrale Dynamik (wesentlicher Unterschied zum italienischen Faschismus).

Außenpolitik:
- ➔ *NS-Deutschland versuchte in den alten Kategorien der Macht die Hegemonie über Europa zu gewinnen < Anachronistisch*
- ➔ *Germanisches Großreich sollte zu einer globalen Macht werden < Utopie*
- ➔ *Störung und **Auflösung der Versailler Ordnung ein zentraler Movens** in der NS-Außenpolitik: Austritt aus dem Völkerbund und den Abrüstungskonferenzen 1933 / Wiedereinführung der allgemeinen Wehrpflicht / Kündigung des Locarno-Vertrages / Einmarsch im entmilitarisierten Rheinland 1936*
- ➔ *Internationale Ordnung und System der kollektiven Sicherheit sollte durch eine regionale Ordnung, ein System zweiseitiger Verträge, ersetzt werden: Nichtangriffspakt mit Polen 1934 = Zerstörung des französischen Bündnissystems / 1935 Britisch-Deutsches Flottenabkommen*

Hitlers Gegenrevolution war stets zweigesichtig / widersprüchlich / janusköpfig (revolutionäre Paradoxie). Ziele und Ergebnisse in der Außenpolitik:
Weg zur globalen Herrschaft <-> Zerstörung der bestehenden deutschen Großmachtstellung
Bekämpfung der USA und der SU <-> Bewirkte die Weltherrschaft beider Supermächte
Vernichtungskampf gegen das Judentum <-> Gründung des Staates Israel
Europa sollte wieder zum Nabel der Welt werden <-> Bipolare Welt in der Europa zweitrangig ist
(Doch das Dritte Reich war seiner Ideologie verpflichtet)
Dritte Reich verband paradoxe Charakterzüge:
geplant und intendiert <-> spontan / traditionell <-> revolutionär / Technisierung <-> bäuerliche Siedlungsromantik / sachlich pragmatische Ziele <-> ideologische Gesetzmäßigkeit (*später triumphierend*) / Nationalismus <-> Sozialismus / Führerkult <-> Massenkommunikation / autoritär <-> populistisch
Der Nationalsozialismus verband die Strömungen des Nationalen und des Sozialen und die Vorstellung der alten Gesellschaft und der neuen Massen > Versuch einer Synthese, eines dritten Wegs bzw. des deutschen Sonderwegs (Sehnsucht der Deutschen sich weder gen Osten noch gen Westen anzulehnen) > Attraktion im Internationalen in sozialer Hinsicht! z.B. die Auflösung der Standes- bzw. der sozialen Unterschiede (NS gleich Egalisierer)
➔ Wie konnte das Dritte Reich zu solcher Macht aufsteigen?
u.a. Gewalttätigkeit und Fehler der anderen Mächte
aber insbesondere: Massenmobilisierung (der NS nutzte die Angst der Menschen vor der Modernisierung. Die Moderne und die Technik wurden Mittel zum Zweck um das Alte, die bäuerliche Siedlungsromantik zu schaffen = Gegenteil erreicht!)
Die Vieldeutigkeit bzw. Vielgesichtigkeit war eine Grundbedingung für den Massenzulauf.

Der NS-Rassismus war ein Kampf gegen die liberale Weltzivilisation des Westens und gegen die kommunistische Weltrevolution des Ostens. Außerdem stellte er die Nationalstaatsidee in Frage!

Ideologische Einordnung des NS:
Die Widersprüchlichkeit der Ziele und seines Charakters, die Unterstützung seitens des Konservatismus (Reaktion auf den Kommunismus), die Art seiner Machtergreifung, sein Erscheinungsbild, seine Basis, seine Funktion und seine Gestalt...all das lassen den NS als Faschismus erscheinen, aber...
Die Unterschiede überwiegen im Ideologischen und in der Zielsetzung!
NS-Außenpolitische und Rassistische Ziele sind nicht im Faschismus wiederzufinden. Der antisemitische Rassismus hebt den NS von den übrigen Faschismen ab. Die Merkmale der ideologischen Zielsetzung und der Rassismus stellen die Einordnung des Nationalsozialismus unter den generalisierenden Faschismusbegriff in Frage.

f) Ostmittel- und Osteuropa:
Existenz zwischen Demokratie und Diktatur (Demokratieexperiment nach dem Ersten Weltkrieg)
Diese Staaten befanden sich im Raum zwischen Russland und Deutschland. In Osteuropa herrschte in der durch Versailles errichteten neuen Ordnung sehr labile Verhältnisse.

Paradoxie des Selbstbestimmungsrechts:
- Nach dem Ersten Weltkrieg wurde mit großem liberalen Optimismus für eine demokratische Ordnung eingetreten (irreelles Ziel angesichts der politischen Kulturen dieser Länder)
- Kehrseite: Die wirtschaftliche und soziale Verfasstheit dieser Staaten und Gesellschaften war zersplittert und kaum fähig eine Demokratie zu tragen
- Jeder Nationalstaat hatte beträchtliche Minderheiten und ebenso eine nicht geringe Irredenta jenseits der eigenen Grenzen. Die hohe ethnische Mischsiedlung und die heterogenen Nationalstaaten führten zu ständigen Grenzstreitigkeiten und inneren Sezessionsbestrebungen.
- Die Minderheiten wurden in der Regel nicht in den politischen Prozess miteinbezogen
- Wirtschaftliche und politische Abhängigkeit von anderen Mächten
- Enorme Probleme in der Landwirtschaft > Modernisierungsprozess erzeugt Unmut
- Die mit der Demokratie neuentstandenen Staats- und Verwaltungsapparate erzeugten hohe Kosten, welche die ohnehin schwachen Staatshaushalte zusätzlich belasteten
- Geringe Praxis mit der parlamentarischen Demokratie, politische Kultur war autoritär
  - ➤ Schwerer Start für die Demokratie
  - ➤ Die ungünstigen Bedingungen für diese Staaten wandten sich gegen die Demokratie
  - ➤ Die innere demokratische Gestalt wurde den äußeren Machtansprüchen unterworfen = Autoritärer Staat = antidemokratisches Experiment!
  - ➤ Ein wesentlicher Programmpunkt dieser autoritären Diktaturen war, die innere Zerrissenheit zu überwinden, hinzu einer homogenen Gesellschaft.
Lediglich Finnland und die Tschechoslowakei konnten die Demokratie aufrecht erhalten. Finnland orientierte sich hierbei an den skandinavischen Demokratien, stand jedoch unter enormen Druck bzw. außenpolitischer Bedrohung von Sowjetrussland.

Baltikum:
Ihre Existenz verdankten diese Nationalstaaten dem Zusammenbruch des Zarenreiches und der Abschirmung vom Deutschen Reich!
- ➔ Angewiesen auf die Gunst der Westmächte > Demokratisierung
- ➔ Minderheitenprobleme und Grenzstreitigkeiten

Prekärer Zustand für die drei Republiken aufgrund des sowjetischen Drucks > Reaktion: langsame Wandlung zum autoritären Systemen (Ende der Demokratie); Anerkennung durch SU 1920. Demokratien hatten im Innern gegen eine starke Rechte und Linke zu kämpfen < Versuch die nationale Zersplitterung zu überwinden durch Autoritären Staat

⇨ Der Sowjetisch-Deutsche Nichtangriffspakt 1939 besiegelte ihr Ende, da ihre Existenz von der Schwäche der beiden Mächte abhing

Polen:
Ab 1921 demokratische Verfassung, die nur auf dem Papier existierte. Stimmung in Polen: Der sowjetischen und deutschen Bedrohung könne nur mit einem starken Staat (autoritärer) begegnet werden!
Enorme strukturelle Probleme: Minderheitenproblem (von 29 Mio. Einwohnern waren nur 19 Mio. ethnische Polen!) / 5 Währungen im Umlauf / Offiziere der Armee mussten sich 4 Sprachen behelfen / 3 Zivilgesetzbücher waren in Kraft / Eisenbahnnetz mit nicht einheitlicher Spurbreite / Bildungs- und Sozialgefälle West-Ost.
Ende der Demokratie im Mai 1926 – Putsch angeführt von Josef Pilsudski(populär) trifft auf allgemeine Zustimmung. Pilsudski lässt die Verfassung zunächst in Kraft. Im Vorfeld der Wahlen 1930 formierte sich jedoch die Opposition = Regime errichtet eine Militärdiktatur.
- Selbstverständnis Polens: 3. Kraft zwischen Deutschland und Russland und Führungsrolle der Staaten des Cordon sanitaire > Überschätzung der eigenen Machtstellung
- Polen war geopolitisch abhängig von Deutschland und Russland. Auch hier besiegelte der Hitler-Stalin-Pakt das Ende
Pilsudski wurde neben den Königsgräbern in der Krakauer Wawel-Kathedrale beigesetzt.

Tschechoslowakei:
Anders als die meisten ostmitteleuropäischen Länder wirtschaftlich entwickelt > Konnte die Demokratie bewahren, sie aber nicht festigen bzw. verankern.
Große Kluft zwischen wirtschaftlicher und gesellschaftlicher Verfasstheit und politischen Problemen. Innere Spannungen: Nationale und religiöse Unterschiede zwischen Tschechen und Slowaken / „Prager Zentralismus" vs. Slowakischer Forderung nach mehr Autonomie / Industrialisiertes Tschechien gegenüber agrarischer Slowakei / Deutsche Minderheit suchte den Anschluss ihres Siedlungsgebiets ans Deutsche Reich
Aber: Demokratisches Experiment ist nicht gescheitert. Innere Ordnung zerbrach unter äußeren Druck!

Trend: Der Übergang von Demokratie zu konservativ-militärischen Diktaturen war überall in Europa zu beobachten!!! In Osteuropa: 1919 Ungarn – 1926 Polen und Litauen – 1928 Albanien – 1929 Jugoslawien – 1934 Estland, Lettland und Bulgarien – 1936 Griechenland – 1938 Rumänien. Der autoritäre Führerstaat war entweder aus konservativen Autoritätsideen oder als Kopie des Faschismus bzw. Nationalsozialismus entstanden, aber ohne einheitliche Massenbewegung.

Österreich:
Enorme Probleme der Demokratie!
Mehrheit der Österreicher wollte nach Kriegsende die Vereinigung mit dem Deutschen Reich im Sinne des Selbstbestimmungsrechts der Völker < Verbot durch internationale Intervention
Probleme:
Ökonomische Verwerfungen / Konfrontation der militärisch organisierten Extremisten von links und rechts
Folgen: Unruhen / gewalttätige Demonstrationen / Streiks etc.

Rechte – Heimwehren angeführt von Fürst von Starhemberg (60.000 Bewaffnete) orientieren sich am italienischen Faschismus
Linke – „Republikanischer Schutzbund" der Sozialisten (90.000 Bewaffnete)
Demgegenüber stand die österreichische Armee mit nur 30.000 Soldaten. Außerdem wurden die österreichischen Nationalsozialisten immer größer.

Am 15. Juli 1927 wird der Wiener Justizpalast von den Arbeitern gestürmt und zum Generalstreik aufgerufen > Grund: Die anscheinend antilinke Haltung der Justiz. > Offener Ausbruch der innenpolitischen Spannungen; Bürgerkriegsähnliche Zustände.

1929 Staat reagiert mit Verfassungsreform von Parlamentarischer Demokratie zu Präsidialer.

Aufgrund des innenpolitischen Druck, insbesondere seitens der österreichischen Nationalsozialisten, führt Engelbert Dollfuß (christlich-sozial) 1932/33 einen Staatsstreich durch > Aufhebung der parlamentarischen Verfassung > Autoritäre Diktatur und Verbot der Nationalsozialistischen Partei.
1934 Regierung nimmt den Kampf auf mit den Sozialisten > Verbot der Sozialisten und aller anderen Parteien, außer Dollfuß' Partei.
25. Juli 1934 Nationalsozialisten ermorden Dollfuß. Eingreifen des Deutschen Reiches verhindert durch den Aufmarsch italienischer Truppen an der Grenze.
30. Juli 1934 Neuer Bundeskanzler Kurt Schuschnigg führt die Linie Dollfuß fort.

Ungarn:
Zwischenspiel einer parlamentarischen Demokratie unter Graf Karolyis (Kriegsende bis März 1919) und einer Räterepublik unter Bela Kun (März 1919 bis August 1919) mündet in die autoritäre Diktatur Admiral Horthys. Nach dem missglückten Krieg der ungarischen Räteregimes gegen Rumänien > Gegenrevolution von Horthy, Oberbefehlshaber der ungarischen Truppen. Wird zum Staatsoberhaupt und Reichsverweser ernannt. Hielt an der Monarchie fest > territoriale Ansprüche auf die durch den Ersten Weltkrieg verloren gegangenen Gebiete > Revisionismus und Konflikte mit den Anrainerstaaten (Jugoslawien + Rumänien + Tschechoslowakei) Forderung einer Generalrevision < Umgeben von Staaten der kleinen Entente! < Außenpolitik des Dritten Reichs eröffnet Spielraum für die Revision
Horthy bleibt an der Spitze bis Ende 1945! Kontinuität eines autokratischen Regimes mit Ähnlichkeiten zum dt. Nationalsozialismus und zum italienischen Faschismus.

Rumänien:
Territorialgewinne nach dem Ersten Weltkrieg. Großrumänien! Problem das Erworbene nach außen abzusichern und nach innen zu einen. Konfrontation und Polarisierung zwischen Land (Bauernpartei) und Stadt (liberales Bürgertum). Staatliche Einheit sollte durch administrativen Zentralismus gefestigt werden < erhöhte die Spannungen. Parlamentarische und Demokratische Institutionen vermochten keinen Fuß fassen. Starke antisemitische und gewalttätige Bewegung „Eiserne Garde" von Codreanus am dt. Vorbild orientiert. Königsdiktatur ab 1938 konnte die Krise nicht beenden > General Antonescu errichte 1940 Diktatur mit dt. Unterstützung

Jugoslawien:
Im Kern knüpfte die Regierungsform an die serbische Monarchie an. Kroaten und Serben erstmals in einem staatlichen Gebilde! Keine föderalistische Struktur. Die Parteienbildung war national, kaum gesamtjugoslawische Parteien! Serbisches Übergewicht: In der verfassungsgebenden Versammlung von 1921 beschließt die serbische Mehrheit gegen die slowenischen und kroatischen Volksvertreter > Modell war zentralistisch. Bis 1928 insgesamt 24 Kabinette, nur serbisch! Zunahme des kroatisch-serbischen Konflikts nach der Ermordung des kroatischen Bauernführers

Stjepan Radic 1928 > Von Kabinettskrise zu Kabinettskrise > König Alexander errichtete 1929 eine Königsdemokratie, die seinen Tod 1934 überdauerte. Doch sein Nachfolger konnte die Verfassungsmäßigkeit nicht wieder herstellen. Erst 1939 kommt es zu einem Ausgleich zwischen Kroaten und Serben (Sporazum). 1941 Jugoslawien wird besetzt > starke und eigenständige Resistenzbewegung

Griechenland:
Griechische Verhältnisse überschattet durch die ungeklärten Verhältnisse mit der Türkei.
Zusätzlich wird Griechenland durch die imperialistischen Ansprüche Italiens belastet.
Außenpolitisch immer noch beherrschend die Idee eines Großhellenischen Reiches (Megali Idea).
Innenpolitischer Machtkampf zwischen Demokraten und Royalisten. Häufiger Wechsel zwischen monarchischem und demokratischem Regime.
Premierminister Venizelos = Lager der Demokraten
König Konstantin I. / Georg II. = Royalisten
Okt. 1935 Erfolgreiche Restauration der Monarchie mit Auflösung des Parlaments seitens Georg II welcher die Macht auf General Metaxas übertrug > autoritäre Reaktion im Klima des heraufziehenden Krieges.

Allgemein für die neuen Staaten Ostmittel-, Ost- und Südosteuropas:
Der Glaube an die nationale Selbstbestimmung und Demokratie war verflogen! Keine Festigung der Demokratien. Selbstbestimmung war kein Allheilmittel für Völkerglück und Demokratie waren kein Garant für Frieden und Wohlstand
  ➢ *Die Gründung dieser Nationalstaaten in Osteuropa war in erster Linie von außenpolitischen Erwägungen bestimmt. Frankreich unterstützte diese Nationalstaaten als Sicherung gegenüber deutschem und russischem Hegemonialstreben.*
  ➢ *Die neuen Staatsgründungen zerschnitten gewachsene Kultur- und Wirtschaftsräume, ohne dass die aus ihren Stücken zusammengefügten Staaten wieder eine Einheit ergaben.*
  ➢ *Schwere strukturelle Probleme / niedriger Entwicklungsstand in Industrialisierung und Gesellschaft / belastende Minderheitenproblem und Grenzstreitigkeiten / Große innergesellschaftliche und innenpolitische Unterschiede*
  ➢ *Die Hoffnungen, welche die Demokratie mit dem Kriegsende geweckt hatte, erfüllte sich nicht*
  ➢ *Die Idee der Demokratie war diskreditiert. Entwicklungsstand der Gesellschaften und Staaten unzureichend für Demokratie = Demokratie setzt ein breitere bürgerliche Schicht voraus, die außer in Tschechien nirgends vorhanden war!*
  ➢ *Reaktion war Diktatur – Hoffnung auf Lösung der Probleme*
  ➢ *Ständige Intervention aufgrund der chaotischen Zustände seitens der Großmächte erzeugte Unmut und ein Gefühl der nationalen Bevormundung*
  ➢ *Die autokratischen Regime traten in dieser Region als Entwicklungsregierungen auf! Sie vermochten einige Fortschritte zu machen – Politische Kultur und Entwicklungsstand war nicht fähig funktionierende Demokratien zu tragen*

g) Iberische Halbinsel

1. Spanien:
Spanien wahrte im Ersten Weltkrieg die Neutralität aufgrund der gegensätzlichen Positionen in der spanischen Gesellschaft.
Pro-Alliierte waren Intellektuelle, die Linke und Liberale (sowie Regionalisten, welche die Möglichkeit einer Separation im Falle eines Kriegseintritts witterten)

Pro-Mittelmächte waren die Großgrundbesitzer, oberer Klerus, Militärs aber auch breite Volksschichten. (es gab ein Lager der Germanophilen. Deutsche Disziplin, Ordnung und Militarismus waren beliebt)
→ Tief zerrissene Nation

Erster Weltkrieg als Katalysator der sozialen Spannungen
1917 Spanische Handelsflotte leidet auch unter dem deutschen U-Boot-Krieg > Rückgang des Außenhandels > Entlassungen > Verstärkte die sozialen Spannungen
- Entwicklungen in Russland weckten in Spanien Revolutionsbegeisterung
- Spanische Sozialisten organisieren sich
> Die Macht in Spanien war in den Händen einer Oligarchie und feudale Strukturen (Großgrundbesitzer – unterstützt von der Kirche / bürgerliche Bankiers und Industrielle < Vermischung des Bürgertums und des Adels = „Geldadel")
> Parlamentarier waren Berufspolitiker, Akademiker, Rechtsanwälte etc. = mittleres Bürgertum. Relativ autonom innerhalb des spanischen Regierungssystems. Gesamtes politisches Spektrum von links nach rechts im Parlament vertreten. Die Parlamentarier sind nicht als Agenten der Oberschicht anzusehen!

1917 Krise: Parlament und Monarchie hatten sich in Diskreditierung gebracht!
→ Militärrevolution!!! Aus Unruhe im Offizierskorps
→ Hintergründe: 1811 hatten die Cortes von Cadiz den Adelsnachweis für den Eintritt in die Offizierslaufbahn abgeschafft. Offizierskorps wurde allmählich zur Domäne der Bürgerlichen. Teilweise Eintreten für Liberalismus und Demokratie. < Konflikt mit der Konservativen. Offizierskorps werden innerhalb des spanischen Systems zunehmend zu einer geschlossenen Gruppe (Rekrutierung der Offizierssöhne!). Offiziere in wirtschaftlich schlecht situiert, meist nebenbei zivile Berufe in Verwaltung und Wirtschaft. Spanische Militär war nicht gerade populär: Die Niederlage im spanisch-amerikanischen Krieg von 1898 hatte es sehr unbeliebt gemacht und wurde seitdem von der Regierung vernachlässigt. Entfremdung der Militärs von der Nation. Nach dem Desaster von 1898 wollten sich Spanien am europäischen Imperialismus beteiligen. Marokko als Kompensation für Verluste in Amerika. Offiziere wurden geringfügig geschätzt! Kein Ansehen. Umgekehrt sahen die Offiziere mit Verachtung die Unfähigkeit der Parlamentarier und die Ungerechtigkeit gegenüber ihres Berufsstandes = Gehälter sinken weiter in Folge der Inflation nach dem Ersten Weltkrieg. Mittlere und Untere Offiziersränge entwickelten sich zum Unruheherd!
→ Gegensatz zwischen Kolonialtruppen (Marokko) und Heimattruppen! Kolonialtruppen orientieren sich an Strenge und Disziplin, haben ein anderes Selbstverständnis und es gibt bessere Aufstiegsmöglichkeiten. Die Heimattruppen werden zunehmend bürokratisiert, was zur Herausbildung einer Offiziersorganisation Juntas de Defensa (gewerkschaftsähnlich) führt = Interessensvertretung gegenüber ihrem Arbeitgeber, dem Staat.
→ Juntas: Ziel einer Heeresreform und Besserung der wirtschaftlichen Lage der Offiziere. Kritik am korrupten Parlament und „Palastclique" (königliches Militärkabinett). Insbesondere jüngere Offiziere forderten handlungsfähigeres Regime und waren für die Abschaffung der Oligarchie. Weiterhin dem König loyal, aber Forderung erschüttern das aristokratische System!
Auf den Druck der Juntas musste die Regierung zurücktreten (19.04.1917)
Neue Regierung (Kriegsminister Aguilera) löste die Junta auf! < Empörung bei den Militärs!
Meutereien aus Solidarität mit den Verhafteten Offizieren > Offizierkorps drohte dem König!
>Regierung musste die Juntas wieder als legal anerkennen > Neue Regierung unter dem konservativen Dato. Juntas spielten nun eine wichtige politische Rolle.

Forderung der Juntas an den König: Regierungsbildung auf breitester Grundlage, stärkere Parlamentarisierung und Einschränkung der Oligarchie
- Die Rätebildung im Militär und die erfolgreiche Durchsetzung ihrer Ziele erzeugte Nachahmung. Weitere Berufsgruppen organisierten sich.
- Keine Bereitschaft des Königs die Juntas politisch partizipieren zu lassen
→ *Krieg führte auch in Spanien (eher indirekt) zum Zusammenbruch der alten Ordnung!*
> Die zwei industriellen Enklaven Spaniens, Baskenland und Katalonien, werden zu Unruherden

Chaotische Zustände:
Krise 1917-18 – Generalstreik < Niederschlagung
Hintergründe: Verelendung des städtischen und ländlichen Proletariats / Preissteigerung und sinkende Kaufkraft führten zu Produktionsrückgang und dies zu Entlassungen / Kriegsgewinnler (Außenhandel) investierten nicht in die spanische Industrie oder Landwirtschaft, Reiche wurden nur noch reicher
Regierungswechsel von Dato zu Pietro zu Mauro (Einheitsregierung). Die Krise 1917-18 offenbarte, dass keine Regierung und keine Partei der Lage Herr werden konnte > große Skepsis im Volk gegenüber der Demokratie

Soziale Gegensätze:
Enorme gesellschaftliche Verwerfungen zwischen Arbeitern und Bürgertum, zwischen Bauern und Großgrundbesitzern.
Erster Weltkrieg lässt den Konflikt zuspitzen.
- Verschärfung des Separatismus im industrialisierten Katalonien
- Umstellung von Kriegswirtschaft auf Marktwirtschaft verschlechtert die wirtschaftliche Lage
- Ausbrechen des Klassenkampfes (Streik der Elektrizitätswerke in Barcelona < Gewaltreaktion) Die Linke forderte die Bürgerliche heraus
- Streikbewegungen von Landarbeitern mit der Forderung eines Kollektiveigentums des Ackerlandes < blutige Zusammenstöße
- Reaktion der Regierung Dato auf polizeilicher Ebene war hart, aber gleichzeitig versuchte sie die sozialen Spannungen durch Sozialpolitik zu entschärfen (1920 Einrichtung des Arbeitsministerium, Mieterschutzgesetze, 1921 soziale Pflichtversicherung, Amnesie für Inhaftierte die bei sozialen Unruhen inhaftiert wurden etc.)
- Bei der Konservativen galt Datos Regierung als sozialistisch, wegen der Sozialpolitik
- Bei der Linken galt Datos Regierung als autoritär und verantwortlich für das harte Vorgehen gegen die Arbeiterschaft
→ Ermordung Datos am 8.3.1921 durch Anarchisten

Die Zuspitzung der innenpolitischen Situation wurde verstärkt durch Spaniens außenpolitische Belastung: 1921 verheerende Niederlage der spanischen Kolonialtruppen in Marokko (13.000 Gefallene). Spanien wollte die marokkanischen Besitzungen halten, es fehlten aber die Gelder für Waffen und Rüstungsgelder bzw. Gelder verschwanden.

Die Zeit bis 1923 in Spanien:
- häufiger Wechsel von Regierungen und Ministerpräsidenten
- Regierungsbildungen wurden erschwert durch Fragmentierung des Parteispektrums und kleinste Parteigruppierungen
- Kriminalität: häufige Banküberfälle und Erpressung reicher Familien mittels Entführungen
- Hohe Unübersichtlichkeit im politischen Bereich

Spaltung und innere erbitterte Kampf bei der Linken:
- Anarcho-Syndikalisten (CNT) kämpften asketisch und fanatisch für eine humanere Welt mit starker Disziplin und Uneigennützigkeit (kein Alkohol, kein Rauchen, keine Stierkämpfe etc.) Verbreitet in Andalusien
- Sozialisten hatten keine zentralen Strukturen. Aufgegliedert in unzählige Gruppen und Gewerkschaften > Spaltung von Sozialisten und Kommunisten (Bolschewisten)
   ⇨ Die Bevölkerung sehnte sich nach der „Tat". Es setzte sich die Hoffnung auf eine Diktatur durch die geregelte Verhältnisse schafft

König Alfons 13. wollte die Rolle des Autokraten übernehmen, wurde jedoch von seinen Beratern (u.a. Mauro) dazu geraten, es dem Militärs zu überlassen und nicht mit der Königsdiktatur das Königtum aufs Spiel zu setzen.
→ 1923 Militärs bereiten daraufhin die Militärdiktatur vor
- General M. Primo de Rivera (aus angesehener Familie, ehemaliger Kolonialsoldat in Kuba, Philippinen und Marokko, steile Offizierslaufbahn, Führungspersönlichkeit, Populär, Befehlshaber der Garnison in Barcelona) wurde die Führung der Militärdiktatur angetragen
- Rebellion der Garnison in Barcelona gegen die Regierung (13.9.1923), Aufruf zur Unterstützung, Anprangerung der Unfähigkeit der Parteien
- Keine Unterstützung seitens der Militärs in Restspanien für einen Intervention gegen Primo de Rivera
- Alfons 13. fragt die Regierung ob sie in der Lage sei, die Ordnung wiederherzustellen, Antwort Nein > König beauftragt Primo de Rivera mit der Regierungsbildung (15.9.1923) > Legalisierung des Militärputsches / Aber der Putsch wäre auch bei anderem Verhalten des Königs erfolgreich gewesen
- Öffentlichkeit und Presse begrüßten fast ausnahmslos den Putsch!
- Die Liberalen, Republikaner und Demokraten waren zurückhaltend und zeigten keinen Widerstand > Kapitulation der Demokratie!

Militärdiktatur:
Keine lupenreine Militärdiktatur. Von Sept. 1923 bis 1925 stand eine Militärdirektion an der Staatsspitze, ab dann wieder zivile Minister.
- Ziele Primo de Riveras: Rettung der monarchischen Institutionen, Lösung des Marokkoproblems und Wiederherstellung der öffentlichen Ordnung
- Ausschaltung der alten Parteien und Berufspolitiker und Pressezensur
- Primo de Rivera und der König versuchten die Sozialisten und ihre Gewerkschaften in das System mit einzubeziehen, um die nationale Zerrissenheit zu überwinden. (Ernennung des Sozialisten Largo Caballero zum Staatsrat!)
- Auf der anderen Seite wurden die Anarchisten und Kommunisten auf Partei- und Gewerkschaftsebene unterdrückt und als staatsfeindliche Gefahr angesehen. Festnahme der anarchistischen und kommunistischen Führung
- Gewisse Erfolge der Diktatur: Wiederherstellung der öffentlichen Ordnung, funktionierende Verwaltung, leichte Hebung des Lebensstandards aufgrund eines Wirtschaftsaufschwungs. Versuche die Lage der Landwirtschaft und die Industrie allgemein zu verbessern weniger erfolgreich, aber leichte Produktionssteigerung
- Beendigung des quasi seit 1909 anhaltenden und in Spanien unpopulären Krieges in Marokko 1927! Nachdem der Krieg auf Französisch-Marokko übergreift, gehen Frankreich und Spanien 1925 gemeinsam vor. Erster Sieg der spanischen Armee seit langer Zeit. Kolonie in Marokko beschränkt sich auf die Sicherung des Küstenstreifens. Gleichzeitig bildet sich eine Offizierselite (Franco) in der Marokko-Truppe heraus.

→ 1930 geriet Spanien in den Strudel der Weltwirtschaftskrise > Preisinflation und enorme ökonomische Probleme. Das bis dahin den Diktatur stützende Bürgertum (Industrielle) geht in Konflikt mit Primo de Rivera. *Primo de Riveras Machtgrundlage bröckelte ihm Weg!*

- Primo de Riveras Rückhalt in der Bevölkerung schwand zunehmend
- Katalonisches Problem: Die Verwaltungsreform Primo de Riveras gab den Regionen große Eigenständigkeit, jedoch keine autonome Regierung. Primo de Rivera genoss aufgrund der Reform in Katalonien große Beliebtheit. Dann wandte er sich ab vom Regionalismus hin zu einer unitaristischen Vorstellung von Spanien > Umkippen der Popularität. Die Katalanen sehen den Weg aus der Krise in einem wirtschaftlich und politisch autonomen Katalonien.
- Es fehlte ihm der Kontakt zu den Intellektuellen. Konflikte mit der Universität Madrid führten zu deren Schließung (1928) und zur Einschränkung der Lehrtätigkeit an allen Universitäten > Proteste der Studenten und der Professoren gegen die Diktatur
- Primo de Rivera hatte die Idee einer einzigen nationalen Partei für die Anhänger aller Ideen. Die Parteien sollten gemäß dieser Vorstellung in die Patriotische Union zusammengeführt werden > Devise „Vaterland, Religion, Monarchie! Dieses Projekt eines Appells an den Patriotismus scheiterte kläglich.
- Primo de Rivera hatte kein staatstheoretisches Programm was ihm „zu" theoretisch war. Er besaß kein Konzept, wie die Militärdiktatur in einen Verfassungsstaat zu überführen sei. Der König legte ihm nahe, eine Verfassung ausarbeiten zu lassen, woraufhin eine Notabelnversammlung am 12. September 1927 berufen wurde und einen Verfassungsentwurf erarbeitete, der nie in Kraft trat.
- Letztendlich verlor Primo de Rivera seine Machtgrundlage: Das Militär. Er hatte es verpasst, aus dem Erfolg im Marokkokrieg 1927 einen persönlichen Erfolg zu machen und damit seine Autorität und Legitimation im Militär zu sichern. Er setzte viel daran das Militär zu reformieren. Der Militärhaushalt wurde gesenkt, doch effektiver eingesetzt. Armee wurde verkleinert, Streichung von 10% der Offiziersstellen. Erneuerung der Bewaffnung > All diese Maßnahmen stießen auf Unmut! Das Offizierskorps sah seine Interessen verletzt!

Primo de Riveras unerklärlicher Schritt:
Er forderte die Generalität öffentlich dazu auf, ihm mitzuteilen, ob sie weiterhin hinter ihm stünden > Antworten überwiegend Nein = Generalität gab Primo de Rivera eine Art Misstrauensvotum.

König ergriff den Moment! Primo de Rivera ging ins Exil. Monarchie fand jedoch keine Stütze mehr bei den liberalen und konservativen Parteien, noch bei den Militärs! Zunehmende Sympathien im Volk für die Republik.
- Übergangsregierung von General Berenguer kehrte zur Verfassung von 1876 zurück!
- Neue Regierung unter Admiral Aznar

> Revolutionäre waren im Untergrund aktiv und sammelten sich: Pakt von San Sebastian.
- Republikanische Idee wird von Intellektuellen unterstützt
- Republikanische Umtriebe auch im Heer

> Nach den Gemeindewahlen vom 12.4.1931 erklärt Aznar Spanien zur Republik und verordnet Besonnenheit des Militärs bezüglich der Republikanischen Aktivisten. Alfons der 13. floh nach Frankreich. Das Scheitern des autoritären Lösungsweg Primo de Riveras erklärt den Übergang zur demokratischen Staatsform 1931.

→ Sturz der Monarchie war nicht der Sieg der republikanischen Bewegung, sondern vielmehr die Selbstauflösung des Systems!

Öffentliche Ruhe wurde jedoch bald wieder gestört:
- Linke Extremisten trieben die Revolution voran
- Rechte Oppositionelle organisierten sich
→ 11./12. Mai 1931: Unruhen in Madrid und Andalusien. Kirchen und Klöster wurden in Brand gesetzt.
  ➤ Heeresreform von Kriegsminister Azana, der respektlos gegenüber der Heerestradition war! Reduzierung der Truppenstärke um mehr als 50% und der Offiziersstellen von 22.000 auf ca. 8.000 > Unmut im Heer!

28.6.1931 Wahlen zur verfassungsgebenden Versammlung:
- Monarchisten = Wahlenthaltung
- Sozialisten = stärkste Partei; 117 Sitze
- Linksrepublikaner = 80 Sitze
- Konservative = 80
- Antisozialisten und Antiklerikale Parteien = 100 Sitze
→ Koalition der Sozialisten, Linksrepublikaner und einiger regionaler Parteien
Verfassung wird am 9.12.1931 angenommen. Sie hat sozial-liberale Züge (nicht sozialistisch!) und sieht einen Einheitsstaat mit regionaler Autonomie, mit schwacher Exekutive und einem Einkammersystem vor.
- erste Regierung ist linksliberal-sozialistisch, ohne die Rechtsliberalen wegen der antikirchlichen Haltung der Regierung
- Regierung versucht das Proletariat als Fundament für die Republik zu gewinnen
- Versuch der Bodenreform kein Erfolg, weil 1. Streit zwischen Liberalen (Eigentum) und Sozialisten (Verstaatlichung) 2. Langsamkeit und Unfähigkeit bei der Umsetzung > Enttäuschung bei der Landbevölkerung
- Regierung versucht sich auch mit einem sozialen Programm zur Verbesserung der Lage der Arbeiter, aber die Wirtschaftssituation setzte den inneren Reformen Schranken.
- Regionalismus-Problem: 9.9.1932 Katalanische Statut: Weitgehende Autonomie und eigenes Parlament für Katalonien, sowie kulturelle und sprachliche Selbstbestimmung

Neue Regierung wollte aber auch die öffentliche Ordnung bewahren, um zu beweisen, dass sie Herr der Lage war und die Republik nicht gleich Anarchie bedeutete.
- relative politische Stabilität von 1931-1933
- Republikschutzgesetz gab der Regierung die Möglichkeit gegen die extremistischen Kräfte vorzugehen

Ab 1933 zunehmend konservative Einstellung der öffentlichen Meinung:
- Geschäftswelt beunruhigt über die sozialen Maßnahmen der Regierung
- Katholische Gegenbewegung gegen die antiklerikale Gesetzgebung
- Oppositionelle Rechte begann sich zu organisieren
- Monarchisten sammelten sich (Traditionalisten und Anhänger Alfons 13.)
- Die 1931 gegründete rechtsnationalistisch-katholische Jugendorganisation (Nationalsyndikalisten) und die 1933 gegründete faschistische Falange Espanole (Führer war der Sohn Prima de Riveras) gingen zusammen in die Falange de las Juntas de Ofensiva Nacionalsindicalista (Uniformität, Faschismus als Vorbild, Führerstruktur)

Nach dem Bruch der sozialistisch-liberalen Regierungskoalition (8.9.1933) befand sich das Land in einer aufgeheizten Atmosphäre:
- Linke sahen die Machtergreifung des Faschismus kurz bevor
- Rechte sahen den Ausbruch der kommunistischen Revolution kommen

- Neuwahlen führten zu einem starken Rechtsruck und einer Regierungskoalition der Radikalen und der regionalen Rechtsgruppen.
- 1934 riefen die Gewerkschaften Streik aus (Landarbeiter und in einigen Städten). Streik scheiterte und die Fronten Links <> Rechts härteten sich
- Largo Caballero, Führer der Sozialisten rief zum Generalstreik aus > Kriegzustand wird von der Regierung verhängt aufgrund der Kämpfe links gegen rechts
- Kein Regierungsprogramm kam zustande wegen des Kriegszustandes und den inneren Streitigkeiten im rechten Lager
- Unter der konservativen Regierung gelang es der Landoligarchie ihren Einfluss im Süden wiederzugewinnen
- Die Politik der Jahre 1933-1935 trug wesentlich zur Radikalisierung der Landarbeitermassen bei!
- Oviedo und Gijon wurden von bewaffneten Arbeitertruppen erobert. Abschaffung des Privateigentums und des Geldes. < Aufstände werden blutig niedergeschlagen von General Franco
- Der Katalanische Staat wird im Oktober 1934 proklamiert

9.12.1935 Totale Regierungskrise durch zwei Korruptionsskandale führen zur Auflösung der Regierung. Zu Neuwahlen gründete sich die eine Volksfront aus Linksrepublikanern, Sozialisten, Kommunisten und Anarchisten! > Wahlen 16.2.1936 brachten Wahlsieg der Linken
(kein genereller Linksruck, aber stärkste Gruppierung wurde die Volksfront)
Putschgerüchte veranlassten die Regierung zu Vorkehrungsmaßnahmen und die Generäle Franco und Goded wurden auf die Kanaren bzw. die Balearen versetzt.

Innenpolitische Situation radikalisierte sich:
Siegesaufmärsche der Volksfrontanhänger arteten aus in Angriffe auf Gefängnisse, Kirchen und Zeitungsredaktionen und führten zu Zusammenstößen mit der Polizei / raubende Landarbeiter und auch hier Zusammenstöße mit der Polizei / Neue Streikwelle verbunden mit Lohnforderungen > ganze Wirtschaftszweige brachen zusammen / Zuspitzung der Auseinandersetzung zwischen den linken und rechten paramilitärischen Jugendverbänden

Ministerpräsident Azana wurde zum Präsidenten gewählt (10.5.1936) und auf den Ministerpräsidentenposten folgte ihm Quiroga, welcher die soziale Revolution befürwortete! Beispiel für Quirogas Revolutionsunterstützung:
16. Juni 1936 kam es zwischen ihm und dem royalistischen Abgeordneten Sotello zu einem Wortgefecht. Im Juli wurde Sotello von der Polizei liquidiert und Quiroga begründete dies als Racheakt für einen Mord der Falangisten.

Die innenpolitische Situation und die Tatsache das Quiroga Ministerpräsident war, beschleunigte die Invasionspläne der Armee, angeführt von General Mola.
- Militärs wollten keine monarchische Restauration, sondern eine autoritäre Republik. Militär wollte die Nation vor der Anarchie retten und die öffentliche Ordnung wiederherstellen < geteilte Meinung im Offizierskorps.
- Das Militär hatte sich nach 1931 neutral verhalten. Dies änderte sich mit dem Sieg der Volksfront!
- Franco war kleinbürgerlich und antimonarchisch, er bereitete den Putsch vor.
- Kirche unterstützte die Putschisten. Letztere waren keineswegs reaktionär. Viele bürgerliche Ansichten
18. Juli 1936 Beginn des Bürgerkriegs!!! Am Vorabend des Bürgerkriegs standen sich zwei große Blöcke gegenüber, die Volksfront und die Nationale Front.

Theorie: Übergang von Demokratie zu Diktatur in Spanien wie in Deutschland aufgrund eines Vakuums im Innern, welches das Militär ausfüllte

Spanischer Bürgerkrieg war keine Auseinandersetzung zwischen Faschismus und Kommunismus! Und keine Auseinandersetzung zwischen Demokratie und Diktatur! Sondern Auseinandersetzung zweier Diktaturformen. Der Ausbruch steht nicht in Verbindung mit dem italienischen Faschismus oder dem deutschen Nationalsozialismus. Die Falange hatte zwar faschistische Züge war aber 1936 schon verboten und nie in der Lage gewesen die Republik zu beseitigen.
- Falangisten waren dem Militär skeptisch gesinnt
- Militärs hatten keine Sympathien für die Falange

Franco vereinigte die rechten Gruppen in Spanien und hierdurch wurde der Aufstieg eines spanischen Faschismus verhindert. Franco hatte keine ideologischen Ziele. Er bediente sich aber der Falange zur Rekrutierung und Mobilisierung, welche ihren Charakter dadurch verlor. Auch linke Offiziere traten ihr bei!
- ➢ Francos Diktatur kann nicht mit Hitlers oder Mussolinis verglichen werden
- ➢ Die Bezeichnung ‚Faschismus' wurde schon damals als Kampfbegriff der spanischen Sozialisten und Kommunisten benutzt und suggerierte die Auseinandersetzung zwischen Bolschewismus und Faschismus in Spanien.
- ➢ Francos antidemokratischer Putsch löste keine Massenbewegung aus. Rein konservativ-autoritäre Herrschaft
- ➢ Grundlegender Unterschied zwischen Spanien und Italien-Deutschland: Kein ideologisches Programm Francos, kein revolutionäres Moment bei Franco, traditionalistische Diktatur, keine Massendemagogie und die Rolle Francos im Zweiten Weltkrieg!!!
Francos Regime ist ein europäischer Sonderfall! Keine revolutionäre Rechte!

Kampf um   Bürgerliche   und   Sozialistische Diktatur!

- Sozialistische: Sozialisten und Kommunisten stritten erbittert um die Führung im revolutionären Lager > Sozialisten mit Caballero verloren diesen Streit. > Kommunisten wurden aus ihrer Anfangs unbedeutenden Position zum beherrschenden politischen Faktor zu werden > Bei den internationalen Brigaden, zunehmender Einfluss aus Moskau = Terror der Stalinisten gegen die nicht-stalinistischen Kommunisten
- Bürgerliche: Nannten sich Nationale Erhebung > Putsch durch marokkanische Truppen, Fremdenlegion und regulärem Heer

   ➢ Zivilbevölkerung erfasste nicht den vollen Ernst der Ereignisse!

Ursachen liegen bei:
- Handeln und Unterlassen der republikanischen Kräfte
- Weltwirtschaftskrise
- Rolle der Militärs
- Innerpolitischer Konflikt

Spanischer Bürgerkrieg = sui generis! Und nicht von außen hereingetragen!

30. März 1939 trug Franco, maßgeblich durch deutsche Unterstützung, den Sieg davon
Die Sowjetunion zog sich zurück aus dem spanischen Bürgerkrieg.

2. Portugal

Entstehung der Diktatur war konservativ und hatte sich fast unbemerkt vollzogen.

Ausgangspunkt war der Erste Weltkrieg > Innere Konflikte, Land der Revolutionen
> ➢ Hoffnung der Bevölkerung auf die Armee als ordnende Macht
> ➢ Republik erwies sich als unfähig Regierungsgewalt auszuüben!

1925 Militärische Erhebung gegen die anarchischen Zustände scheiterte, da uneinheitlich
1926 Siegreicher Militärputsch – Sturz der demokratischen Regierung
Aber kein politisches Programm bei den Putschisten! Keine Konzept für die Neuordnung des Landes > Militärdiktatur unter General Carmona, wurde 1928 zum Präsidenten gewählt
> ➢ Größtes Problem in Portugal war das enorme Haushaltsdefizit! Inflation und Teuerung!

Carmona wurde dem Defizit nicht Herr und rief den Wirtschaftsprofessor Dr. Oliveira Salazar in die Regierung (Finanzminister) um die wirtschaftlichen Probleme zu lösen.
Salazar schaffte es in wenigen Jahren den Haushalt zu sanieren und das Land aus der Weltwirtschaftskrise weitgehend herauszuhalten!
Seit 1932 regierte er als Ministerpräsident. Ab 1936 hatte er mehrere Ministerposten.
Die Diktatur betrachtete er als Mittel zur Lösung der politischen Probleme.
Sein „Neuer Staat": Keine monarchische Restauration. Existenz der Nation war ihm wichtiger als die Staatsform. Autoritäres Regime, kein totalitärer Staat.
- Grundsätze der christlichen Moral (eher rhetorisch!)
- Keine Parteien oder Verbände oder Geheimgesellschaften > Nur nationale Einheitsbewegung
- Zensur der öffentlichen Meinung
- Autoritärer Staat, welcher der historischen Größe Portugals entspricht!
- Die Verfassung vom März 1933 gab die staatsrechtliche Grundlage für die Diktatur
- Staatsoberhaupt auf 7 Jahre vom Volke gewählter Präsident (Änderung 1959: Wahl durch Wahlkollegium)
- Trennung von Staat und Kirche / Ständekammer / Verbot von Streiks

Insgesamt: Weder mit der deutschen oder italienischen Diktatur vergleichbar.
Keine „Entwicklungsdiktatur"! Salazar hielt das Land in tiefer Rückständigkeit (Stillstand, Ruhe, autoritäre Ordnung in einem bewegten Europa, kaum Bildung, hoher Analphabetismus, Reichtum der Wenigen) > anachronistische kleine Diktatur! Bis 1974!

Salazar unterstützte Franco im spanischen Bürgerkrieg, verhielt sich im II. Weltkrieg aber neutral. Und schloss einen Freundschaftspakt mit Franco.

Salazar über die Diktatur: „Wohltätiger Autoritarismus"

Die Stabilität des Regimes beruhte auf einem Konses von Kirche, Adel, Besitzbürgertum und Verwaltungsbeamten. Kontrolle durch Staatsterror.